DE VIERDE VAN MAX

Van Koen Vergeer verschenen eerder:

Sagrada Família
Dossier Delvaux
De Formule 1-fanaat
Poëzie in Vredenburg
Le Mans
Mijn Formule 1
Vaders langs de lijn
Mahler
FaustRacer
MaxMania
Kalff
Zandvoort
Max wereldkampioen
Poleposition
Max soeverein wereldkampioen 2022
Het tijdperk Max. Wereldkampioen 2023

KOEN VERGEER

De vierde van Max

Wereldkampioen 2024

Uitgeverij Atlas Contact
Amsterdam/Antwerpen

Omslagontwerp Studio Jan de Boer
Omslagbeeld Max Verstappen wint de Grand Prix van Japan op het circuit van Suzuka op 7 april 2024 © Foto door Kim Kyung-Hoon / Getty Images / AFP
Foto auteur Fjodor Buis
Ontwerp typografie binnenwerk Wim ten Brinke
Foto's binnenwerk Peter van Egmond
Drukkerij Wilco

ISBN 978 90 450 5129 1
D/2024/0108/739
NUR 480

www.atlascontact.nl
@koenvergeerF1 op X

MIX
Papier | Ondersteunt verantwoord bosbeheer
FSC® C004472

Inhoud

Inleiding

Strijd

'Oh my god, wát een seizoen...' riep Max Verstappen over de boordradio, toen hij in Las Vegas zijn vierde wereldtitel veiligstelde. Opgelucht. Want het was allemaal wat anders gelopen dan in de voorgaande jaren. Anders ook dan aanvankelijk gedacht. Na de reeks dominante zeges waarmee Max het seizoen 2024 opende, raakte de auto, opgejaagd door de concurrentie, uit balans. Plotseling stelde het delicate complex van ground-effect, downforce en grip, waar de concurrentie al twee jaar lang mee worstelde, nu ook de kampioenen zelf voor raadselen. Alle moeilijkheden en het gebrek aan eenvoudige oplossingen lieten nog maar eens zien hoe bijzonder de twee voorgaande seizoenen waren geweest. Maar wat nu? McLaren maakte een enorme sprong naar voren en Lando Norris ontpopte zich als Max' grootste uitdager. Maar waren zij er wel klaar voor? Voor de zomer wist Max met een langzamere auto nog een paar races te winnen, na de zomer echter moest hij zonder uitzicht op een zege tot het uiterste gaan om zijn titel te verdedigen. Tot op het randje en erover. Dwars door alle controversen voer Max echter zijn eigen koers. 'De Formule 1,' stelde hij, 'is nu eenmaal geen rondje om de kerk.'

'Dit was zijn moeilijkste en beste gevecht om de wereldtitel,' aldus Red Bull-teambaas Christian Horner in Las Vegas. 'Max was geweldig op dagen dat de auto niet zo geweldig was. Niemand verdient deze titel meer dan Max.' Zo is het. Vriend en vijand zijn het erover eens dat Max deze vierde wereldtitel eigenhandig uit het vuur heeft gesleept. En zo schaart hij zich tussen de allergrootsten uit de sport – denk aan Fangio, Senna en Schumacher –, niet zozeer door het statistische gegeven van vier wereldtitels, maar vooral door de manier waarop.

Voor de echte Max-fans was het lange tijd flink nagelbijten. Voor de doorgewinterde Formule 1-fans was het echter genieten, want strijd tot het uiterste is precies wat deze sport zo fascinerend maakt. 'Dit boek schrijft zichzelf,' zei ik tegen mijn redacteur, terwijl we aan de Amstel een biertje dronken, 'ik hoef niks meer te doen!' Zeker vanaf het adembenemende duel op de Red Bull Ring rolden de verhalen zo het boek in. Van de emotionele zege van Lewis Hamilton op Silverstone, het geklungel van McLaren in Hongarije en de Ferrari-orgie in Monza, tot Max als *the bad guy* in Texas en Mexico en de alle kritiek en twijfel wegwassende wereldrace in Brazilië. 'Oh my god, wát een seizoen...' Precies dat seizoen, het langste ooit in de Formule 1, kun je hier nog eens op je gemak teruglezen. Ik wens je er heel veel plezier mee.

Testdagen

Bahrein International Circuit – 21-23 februari 2024

Nog voor er een meter gereden is, is de Formule 1 in 2024 alweer wereldnieuws. Lewis Hamilton gaat naar Ferrari! Eind januari gaan er wat geruchten over een mogelijke transfer, maar de ervaren Formule 1-fan is in winterslaap en laat zich door dit soort clickbaits niet storen. Hamilton naar Ferrari: laat ons niet lachen. Silly season – het gescherm met contracten en transfers – begint pas na de zomer. Ik geloof er aanvankelijk niks van. Grappige plaatjes van Hamilton in een rode Ferrari-overall gaan rond op de sociale kanalen. Wanneer steeds meer betrouwbare bronnen het nieuws gaan melden, hou ik het toch in de gaten. Het moet een hoax zijn. En iedereen trapt erin. In de vroege avond van 1 februari is het echter officieel. Als eerste brengt Mercedes het nieuws naar buiten, Ferrari volgt meteen: Lewis Hamilton is vanaf 2025 Ferrari-coureur. Hoezo? Waarom? Wat is er aan de hand? Heeft Lewis in de winter gemerkt dat Mercedes de al twee jaar voortslepende problemen met de auto niet heeft opgelost? Of heeft hij tegenvallende data van de motor voor 2026 gezien en gedacht: wegwezen hier? Of heeft hij alle hoop op een achtste wereldtitel opgegeven en wil hij de laatste jaren van zijn loopbaan nog even genieten van de Ferrari-mythologie? Details over 'de transfer van de eeuw' worden niet gegeven. Insiders menen te weten dat het voor meerdere jaren is en dat Hamilton tegen de vijfenvijftig miljoen dollar per jaar zal opstrijken, een bedrag dat met bonussen, sponsoring en prijzengeld kan oplopen tot honderd miljoen.

Onmiddellijk begint het in de transfercarrousel te gonzen, want Charles Leclerc heeft een week eerder voor meerdere jaren bijgetekend bij Ferrari, dat betekent dat Carlos Sainz moet wijken. Waar kan hij heen? En wie komt er in aanmerking voor het lucratieve tweede zitje bij Mercedes? Veel contracten lopen eind dit jaar of volgend jaar af; silly season is dit jaar al op 1 februari begonnen.

Bijna een maand later, tijdens de drie testdagen in Bahrein, is iedereen meer geïnteresseerd in Hamiltons beweegredenen dan in de rondetijden van de auto's. De zevenvoudig wereldkampioen ontkomt er niet aan wat meer tekst en uitleg te geven. Ja, hij heeft vorige zomer voor twee jaar bijgetekend bij Mercedes. Er was echter een optie om te vertrekken en die heeft hij, omdat het nu kon, gelicht. Het was de moeilijkste beslissing in zijn loopbaan. Mercedes heeft hem vanaf het begin gesteund, ze zijn al zesentwintig jaar samen en hebben samen geschiedenis geschreven. Maar Hamilton schrijft ook zijn eigen verhaal, vindt hij, en het is tijd voor een nieuw hoofdstuk. Het is altijd een jeugddroom geweest om voor Ferrari te rijden. Iedereen van zijn generatie heeft Schumacher zien rijden en in games koos hij altijd de Ferrari. Hoe zou het zijn: geheel omgeven door rood? In Italië, tussen de tifosi? Een belangrijke factor is het feit dat Fred Vasseur nu het team leidt. Met Vasseur heeft Hamilton in de junior-categorieën alles gewonnen. Zonder Fred was het niet gebeurd, aldus Hamilton. Dit jaar is hij natuurlijk nog gewoon Mercedes-coureur, volledig gefocust en zeker van plan om te stoppen met een hoogtepunt.

Wanneer hij na afloop van de testdagen de tijden bekijkt, lijkt Hamilton de juiste keuze te hebben gemaakt. Ferrari staat bovenaan. Sainz heeft over de drie dagen de snelste tijd gereden, Leclerc volgt. Het verbaast niemand. Al zo vaak was Ferrari de winterkampioen. Over een week bij de Grand Prix van Bahrein gaat het pas echt los en liggen de verhoudingen weer anders. Er is ook niemand die daaraan twijfelt. De winterkampioenen en ook George Russell, die voor Mercedes de derde snelste tijd laat noteren, proberen nog wat optimisme uit te stralen, maar iedereen heeft genoeg gezien: ook dit jaar is Red Bull het team dat verslagen moet worden. Om het niet al te negatief uit te drukken. Niets dan vrolijke gezichten bij het team dat afgelopen jaar eenentwintig van de tweeëntwintig races wist te winnen. Red Bull stoomt voort. Max en Sergio Pérez draaien probleemloos bijna vierhonderd ronden. 'De balans is prima,' verklaart Max. 'Ik kon meteen goed gas geven. We hebben van alles kunnen proberen. Wat mij betreft hadden we wel wat minder kunnen testen.' Checo is voorzichtiger: het veld zal dichter bij elkaar zitten dit jaar, denkt hij. Gps-metingen laten zien dat de Red Bulls op de rechte stukken tien kilometer per uur langzamer gingen dan de concurrentie. Dat betekent dat ze het motorvermogen flink hebben teruggeschroefd. Vandaar dat ze geen supersnelle tijden hebben laten zien. Dat doen ze volgende week wel.

Bij Ferrari is men niet ontevreden. De auto is nieuw, het hele programma is zonder problemen afgewerkt. Leclerc heeft geen idee waar ze staan. Achter Red Bull, dat is wel duidelijk. Sainz wordt gevraagd naar zijn toekomst. Hij zag in het najaar al signalen, vertelt hij. Hij gaat al wat langer mee, en weet hoe het werkt. Voor zijn volgende stap gaat hij zijn tijd nemen, hij zal kiezen voor een team dat hem de grootste kans op het wereldkampioenschap biedt.

Bij Mercedes is Russell positief. De auto is niet meer de 'diva' van vorig jaar. 'We hadden totaal geen vertrouwen in de auto van vorig jaar, in elke bocht kon ze bijten. De auto van dit jaar voelt veel meer zoals een echte racewagen moet voelen.' Er is nog steeds wel een gat te dichten naar Red Bull, weet hij. Is het echt positief? In wezen zijn het precies dezelfde teksten als vorig jaar.

Aston Martin kan niet verrassen zoals in 2023. De stemming bij Fernando Alonso en Lance Stroll is beduidend minder. Papa Stroll denkt echter aan de lange termijn. De fabriek en de nieuwe windtunnel zijn zo goed als klaar, dan kan de strijd om het wereldkampioenschap pas echt beginnen. McLaren tast in het duister. De test verloopt op wat kleine problemen na prima. De auto voelt goed en is snel. Lando Norris verzucht dat ze nog ver achter Ferrari staan en nog veel verder achter Red Bull. 'Laat het seizoen maar beginnen,' zegt zijn teamgenoot, Oscar Piastri.

De rest van het veld is gedoemd tot de achterhoede. Visa Cash App Racing Bull (voorheen Alpha Tauri, voorheen Toro Rosso, het team waar Max in 2015 zijn debuut maakte) is een beetje een *dark horse*, met Yuki Tsunoda en Daniel Ricciardo. Beiden azen op het zitje bij het zusterteam Red Bull naast Max, mocht Pérez alsnog verdwijnen. Team Haas heeft de dankzij Netflix zeer populaire teambaas Günther Steiner aan de kant geschoven en hoopt onder leiding van

Ayao Komatsu beter te presteren. De coureurs blijven Nico Hülkenberg en Kevin Magnussen. Bij Williams hoopt men de progressie uit 2023 te continueren met Alex Albon. Dat brekebeen Logan Sargeant nog een jaar de kans krijgt, verbaast eigenlijk iedereen. Alpine zakt steeds verder terug. De dramatische massaontslagen binnen het management in 2023 hebben geen enkele vooruitgang gebracht. Racewinnaars Esteban Ocon en Pierre Gasly zien het seizoen bezorgd tegemoet. Sauber (voorheen Alfa Romeo) gaat in 2024 de baan op als Stake F1 Team Kick Sauber. Stake is een online-crypto-casino (kan het nog fouter?) dat in veel landen (waaronder Nederland) verboden is. In die landen zal het team gewoon Kick Sauber heten. Het wachten is op de volledige overname van het team door Audi in 2026. Van de opvallende gifgroene auto's, met Valtteri Bottas en Guanyu Zhou aan het stuur, wordt weinig meer verwacht.

Alonso weet al wat het jaar gaat brengen: 'Max wordt wereldkampioen.' Russell weet ook waarom. 'Red Bull heeft een geweldig team, met een geweldige structuur. Ze zijn ons altijd een stap voor...'

*

De overstap van Hamilton naar Ferrari was in vroeger tijden ondenkbaar. De oude Enzo Ferrari kon het niet hebben dat de ster van een coureur de faam van zijn automerk zou overstralen. Lees de memoires van Ferrari en Fangio er maar op na: ondanks hun grote gezamenlijke successen was er niets dan haat en nijd en onversneden minachting. Coureurs mochten onverschrokken helden zijn, echter alleen in dienst van Ferrari. Engelse coureurs wantrouwde Ferrari hierin nog wel het meest. Stirling Moss sloot als Engelands grootste talent in 1951 een akkoord met Ferrari. Voor zijn eerste race werd hij vervolgens botweg uit de cockpit gebonjourd om plaats te maken voor een Italiaanse collega. De liefde was voorgoed over. Het is waar, Peter Collins was als een zoon voor de oude baas. Maar Collins was een aardige jongen, veel te aardig. Hij stond in 1956 zijn Ferrari af aan Fangio, zodat deze op Monza wereldkampioen kon worden. Zijn tijd kwam nog wel, zei Collins. Twee jaar later verongelukte hij op de Nürburgring, in een Ferrari.

Zelfs Jackie Stewart is eventjes Ferrari-coureur geweest. Voor welgeteld vier dagen, schrijft hij in zijn autobiografie. Eind 1967 voerde Stewart in het geheim gesprekken met Ferrari. Na een rondleiding door de fabriek en een ontvangst in het donkere kantoortje, waar de foto van Ferrari's overleden zoon Dino werd verlicht door kaarsen, kwam het tot onderhandelingen. Stewarts eisen – een salaris van twintigduizend pond per jaar, plus de helft van al het prijzengeld, de helft van alle bonussen en een Ferrari voor eigen gebruik – waren geen probleem. Aldus Stewart. Deal. 'Ik moest mezelf in de arm knijpen: groter werd het niet voor dat knulletje uit Dumbarton. De geweldige faciliteiten, de aura van het merk en het charisma van Ferrari: welke autocoureur wilde er niet voor Ferrari rijden?' Vier dagen later treft Stewart collega Jacky Ickx op een circuit op Sicilië. Het Belgische toptalent blijkt op de hoogte van de gesprekken tussen Stewart en Ferrari. Stewart is not amused, zeker niet als Ickx ook de inhoud blijkt te kennen. Mensen bij Ferrari hebben hem verteld dat Stewart veel te veel eisen had. 'Jij wilde heel Maranello voor jezelf hebben.' Stewart is stomverbaasd. 'En nu hebben ze mij gevraagd,' gaat Ickx voort. Wat moet hij doen? 'Tekenen,' antwoordt Stewart meteen. Want voor hem is de deal op slag van de baan: 'Een Formule 1-wagen besturen was voor mij al lastig genoeg, ik moest me niet ook nog eens zorgen maken om wat er achter mijn rug gebeurde. Ik moest volledig kunnen vertrouwen op de mensen om me heen.' In biografieën over Ferrari gaat het verhaal net ietsje anders. De gewiekste Stewart zou voor zijn bezoek aan Maranello een advocaat hebben geraadpleegd en met een waslijst aan eisen zijn gekomen. 'Wat wil hij?' had Ferrari tijdens de onderhandelingen geroepen, 'de hele fabriek?'

Ook Niki Lauda, in de jaren zeventig persoonlijk verantwoordelijk voor de wederopstanding van Ferrari, werd op den duur te eigenwijs gevonden. Senna en Ferrari bleef altijd een verboden liefde. Ik weet niet hoe de Commendatore tegen Schumacher zou hebben aangekeken. Schumacher bracht enorme successen en deelde die ook met het hele team, tot aan het personeel op de fabriek. Zou het, net als met Lauda en Surtees, op ruzie uitgelopen zijn? De oude baas zou zich in deze tijd sowieso niet meer thuis gevoeld hebben. De sterren van de topcoureurs zijn groter dan welk merk ook. Hoewel… Hamilton verkast na al die jaren bij Mercedes toch naar Ferrari, het blijft de droom van iedere coureur.

1

Grand Prix van Bahrein

Bahrain International Circuit – 2 maart 2024

‘Een geweldig team met een geweldige structuur,’ zei Russell na afloop van de testdagen over Red Bull. Zeker. Maar in de aanloop naar het nieuwe Formule 1-seizoen vertoont die structuur ineens een lelijke barst. Begin februari werd al bekend dat er een onderzoek was gestart naar mogelijk grensoverschrijdend gedrag van teambaas Christian Horner. Tijdens de presentatie van de Red Bull RB20 kon het onderwerp nog worden ontweken, in Bahrein, onder de spotlights van de wereldwijde media, bereikt de zaak onvermijdelijk een kookpunt. Red Bull zou bij de eerste beschuldigingen al een ontslagbrief hebben opgesteld, maar Horner, die alles weerspreekt, had nog recht op een onafhankelijk onderzoek. Red Bull heeft daarop een Britse jurist aan het werk gezet. De uitslag van het onderzoek wordt – perfecte timing – rond het eerste raceweekend verwacht. Horner is intussen gewoon op weg naar Bahrein. Kan hij nog plaatsnemen op de pitmuur?

De Grand Prix van Bahrein vindt plaats op zaterdag. Omdat de ramadan op 10 maart zal beginnen, is de Grand Prix van Saudi-Arabië een dag naar voren geschoven, naar zaterdag 9 maart, en tussen twee Grands Prix moet volgens de regels minimaal een week tijd zitten. Terwijl de teams de pitboxen weer betrekken, zijn de media toch vooral bezig met de zaak-Horner. De grote spelers in het circus vrezen voor reputatieschade. De internationale autosportbond, de FIA, betreurt het gebeuren en hoopt dat er snel duidelijkheid komt. Ook Ford, betrokken bij de ontwikkeling van de Red Bull-motor voor 2026, eist snel opheldering: 'De morele waarden van Ford zijn niet onderhandelbaar, en wij verwachten dat onze partners deze waarden delen.' De druk is groot. De geruchten stapelen zich op. Horner zou een medewerkster van Red Bull seksueel hebben lastiggevallen. Hij zou haar al een keer een flinke som zwijggeld betaald hebben. Tegelijk is er een gerucht dat het een complot is, om Horner uit het team te werken. Blijft het team dan nog wel overeind? Woensdag, de dag voor de motoren aanslaan, is het onderzoek klaar. De directie van Red Bull beraadt zich en komt met een oordeel: na een eerlijk en grondig onderzoek wordt de klacht tegen Horner afgewezen. Horner kan gewoon blijven functioneren. De inhoud van het onderzoek blijft om privacyredenen geheim. Hoe onafhankelijk echter kan zo'n oordeel zijn?

Donderdag gaan de auto's eindelijk de baan op. Ricciardo rijdt de snelste tijd in de eerste vrije training, Hamilton is de snelste in de tweede sessie. Maar de hele paddock is met iets anders bezig. Een anonieme bron heeft mails verstuurd met daarin pikante fragmenten van het WhatsApp-verkeer tussen Horner en de belaagde medewerkster van Red Bull. De mails zijn verstuurd naar diverse bobo's, teambazen en de media. Iemand is overduidelijk uit op de val van Horner. Horner zelf wil geen commentaar geven, hij stelt dat het onderzoek is afgerond, hij is vrijgesproken en focust zich nu op het racen. De vraag is wie heeft die mails verstuurd? Is de inhoud wel echt? Wat is er eigenlijk aan de hand?

Ook Max wordt gevraagd naar zijn mening over het gebeuren. Hij houdt zich op de vlakte, laveert er diplomatiek langsheen. Hij is hier om te racen. 'Ik word betaald om gas te geven op het circuit, niet om met randzaken bezig te zijn,' zegt hij tegen het tijdschrift *Formule 1*. Wanneer de motoren achter in de Red Bull op vol vermogen gaan, pakt Max op vrijdagmiddag tijdens de kwalificatie de pole. Business as usual. Twee tienden voor Leclerc, drie tienden voor Russell. De eerste negen coureurs staan allemaal binnen zes tienden van een seconde. Het veld komt dichter bij elkaar. Het gaat beginnen.

Op raceday verzamelt alles wat foto's kan en mag maken in de Formule 1-paddock zich bij de poortjes van de ingang, wanneer Christian Horner fier, hand in hand met zijn vrouw, ex-Spice Girl Geri Halliwell, de paddock binnenstapt. Opdat wij weten dat binnen de familie alles wat niet waar is allang is vergeven. Tijd om te gaan racen. *When the flag drops, the bullshit stops* – een wijsheid uit de tijd dat een Grand Prix nog met de nationale vlag werd gestart. Nu gaan er lampen boven de startstreep aan: een voor een, rood, vijf in getal... en uit. Dan is het Formule 1-seizoen 2024 echt begonnen. Twintig brullende auto's die tegen de duizend pk kunnen ophoesten gaan volle bak op de eerste bocht af. Drie wereldkampioenen en zeventien coureurs, die denken dat ze dat ooit zullen worden. Het zijn dezelfde twintig als vorig jaar: nul rookies op de grid. We gaan verder waar we gebleven waren. Max pakt de kop. Hij is net wat beter weg dan Leclerc, en kan zijn Red Bull naar rechts dirigeren, voor de neus van de Ferrari. Leclerc pakt de buitenkant, komt bijna op gelijke hoogte, maar moet passen in de bocht. Achter hen voeren Russell en Pérez, die Sainz voorbij is, dezelfde danspassen op. Terwijl de leiders al door bocht 2 draaien, gaat in de pulk achter hen een eerste auto achterstevoren. Stroll, van achter aangetikt door Hülkenberg. Inschattingsfoutje. Bottas botst vervolgens tegen de Hulk op. Iedereen kan voort. Max, voor Leclerc, Russell, Pérez, Sainz, Alonso, Norris, Piastri, Hamilton en de rest. Max slaat meteen een gaatje, zodat Leclerc zich niets in zijn hoofd haalt wanneer de DRS geactiveerd mag worden. DRS, *Drag Reduction System*: het hulpmiddeltje bij het inhalen. Wanneer je dichter dan één seconde achter je opponent rijdt, gaat in een DRS-zone het bovenste deel van je achtervleugel open, waardoor je minder luchtweerstand ondervindt, zodat je met een hogere topsnelheid de man voor je kunt aanvallen. Twee jaar geleden vochten Max en Leclerc hier nog een prachtig duel uit. Maar Max is nu los en Leclerc krijgt te maken met Russell. In de derde ronde scheert Russell, DRS open, bij de Ferrari buitenom in bocht 4. Nipt houdt hij de Mercedes bij het uitkomen van de bocht binnen de lijnen, een fraaie manoeuvre. Russell op plek twee. Max loopt weg. Bijna een seconde per ronde. Ook Pérez passeert Leclerc. Achter de koplopers verliest Alonso plek na plek. Hij had al gewaarschuwd: de goede kwalificatie was een verrassing, de racesnelheid zou veel minder worden. Norris, Piastri en Hamilton gaan hem met hulp van DRS probleemloos voorbij. Het publiek veert op bij een duel tussen de twee Ferrari's. Sainz zet zich in bocht 1 naast Leclerc. Leclerc geeft niet op, zij aan zij draaien ze door de bocht, bijna een touché – het is Monza *all over again* – maar Sainz wurmt zich door de volgende binnenbocht voor zijn teamgenoot. Wie moest er ook alweer weg bij Ferrari?

Dat de Red Bull de snelste auto is vandaag, bewijst Pérez: in de veertiende ronde gaat hij ook Russell voorbij. Red Bull één en twee. Met hun hoge tempo doen ze ook nog eens het langst met de banden, in de zeventiende ronde is Max de laatste die zijn eerste pitstop maakt. Hij houdt daarmee ook de leiding. Bij Ferrari mocht Leclerc als eerste banden wisselen en ligt daarom weer voor Sainz. Tot de Spanjaard van heel ver, superlaat remmend, in bocht 1 opnieuw zijn teamgenoot de baas is. Een ronde later zet Sainz ook Russell opzij. Wie moest er nou weg bij Ferrari?

Halverwege de race lijken de kaarten geschud. Red Bull rijdt voorop, Ferrari volgt op afstand. Ook Leclerc is Russell voorbij. Daarachter rijden Mercedes en McLaren. Aston Martin voert de achterhoede aan. Daar maken Tsunoda en Ricciardo tegen het slot van de race nog wat ruzie om een onbegrijpelijke, door het team opgelegde positiewissel – het gaat om plaats dertien…

Het seizoen 2024 gaat verder waar 2023 eindigde. Max domineert. Hij finisht tweeëntwintig seconden voor Pérez, en vijfentwintig voor Sainz. Mercedes en McLaren volgen op meer dan vijfenveertig seconden, een eeuwigheid in de Formule 1. Max rijdt ook de snelste raceronde. Dat levert niet alleen een extra punt op, hij scoort zo ook een volgende Grand Slam: poleposition, van start tot finish aan de leiding en de snelste ronde. Het is zijn vijfde Grand Slam – evenveel als Michael Schumacher en Alberto Ascari. Alleen Hamilton (zes) en Jim Clark (acht) reden er meer. Het is ook de honderdveertiende zege voor Red Bull, waarmee ze op gelijke hoogte komen met Williams. Alleen Mercedes,

McLaren en Ferrari boekten er meer. Voor Max telt alleen de zege van vandaag: 'Ongelofelijk, het ging beter dan verwacht. Heel speciaal, want het gebeurt niet altijd dat alles zo perfect loopt. Ik voelde me één met de wagen. De beste manier om het seizoen te beginnen.'

Stand:	
Verstappen	26
Pérez	18

*

Natuurlijk stopt het gerommel rondom Horner niet. De concurrentie doet graag een subtiele duit in het zakje. Toto Wolff, teambaas bij Mercedes, trekt een wenkbrauw op over de gang van zaken rond het onderzoek: 'Er heeft een dame geklaagd en Red Bull zegt nu: het is goed, we hebben ernaar gekeken.' Ook Zak Brown, teambaas van McLaren, denkt dat er zo vragen en geruchten zullen blijven komen. Die komen er ook. Jos, de vader van Max, zegt in een interview met een Engelse krant: 'Het kan zo niet doorgaan, het team dreigt uit elkaar te vallen. Het zal een keer ontploffen. Horner speelt het slachtoffer, terwijl hij juist de problemen veroorzaakt.' Al snel melden Engelse media dat Jos in het verleden ook 'iets' heeft gehad met de betreffende medewerkster. Geruchten. De vrouw is door Red Bull op non-actief gesteld. Volledig doorbetaald.

Of is er veel meer aan de hand? Gaat het werkelijk om een machtsstrijd binnen het team? Sinds de dood in 2022 van Dietrich Mateschitz, de Oostenrijker die Red Bull groot maakte en ook het Formule 1-team begon, is Red

Bull volgens insiders verdeeld in twee fracties: de Oostenrijkse tak en de Thaise tak, waarbij vermeld moet worden dat de zonen van Thai Chaleo Yoovidhya, lang geleden de bedenker van het energiedrankje, eenenvijftig procent van de aandelen bezitten. Wie heeft het voor het zeggen in het Formule 1-team? Horner, blijkbaar gesteund door de familie Yoovidhya, of misschien toch, dichter bij huis, Helmut Marko, boezemvriend van Mateschitz en mentor van Max? Marko was destijds ook de mentor van Sebastian Vettel. Vettels teamgenoot Mark Webber onthulde al dat Marko, gesteund door Mateschitz, in het Formule 1-team aan de touwtjes trok. Horner had volgens Webber niks te vertellen. Heeft Oostenrijk met de affaire zijn kans schoon geacht om van Horner af te komen, en zijn zij teruggefloten door Thailand? Geruchten. Net als het gerucht dat allerlei sleutelfiguren binnen het team een clausule in hun contract hebben staan die zegt dat wanneer Horner vertrekt, zij ook vrij zijn om te vertrekken. Zelfs Max. Wat blijft er dan van het succesteam over? Silly season spookt nog altijd rond.

2

Grand Prix van Saudi-Arabië

Jeddah Corniche Circuit – 9 maart 2024

Een week later, in Saudi-Arabië, gaat de Horner-saga onverminderd voort. Plots ligt Helmut Marko onder vuur. Een gerucht wil dat Marko in verband kan worden gebracht met het versturen van de pikante mails in Bahrein. Natuurlijk ontkent hij: hoe kan hij dat nou gedaan hebben, hij weet niet eens hoe je met een iPhone om moet gaan. Prachtige smoes. Op de Oostenrijkse tv zegt hij echter dat er een schorsing dreigt. Te midden van alle spanningen en geruchten spreekt nu ook Max zich uit. Hij heeft steeds geen partij gekozen in alle gedoe. Zelfs de harde woorden van Jos liet hij voor diens rekening. 'Ik weet al langer dat hij een uitgesproken mening heeft.' Maar nu Marko ter discussie staat, laat hij weten altijd loyaal te zullen blijven aan zijn mentor. De aanwezigheid van Marko, stelt hij, is bepalend voor zijn keuzes in de toekomst. Op de ochtend van de race heeft de Oostenrijkse Red Bull-baas Oliver Mintzlaff een 'ernstig onderhoud' met Marko. Uitkomst: er is niets aan de hand.

Intussen heeft Ferrari een acuter probleem. Of beter: Sainz. Tijdens de eerste vrije trainingen voelde hij zich al niet lekker. Op vrijdag gaat het helemaal niet meer. In het ziekenhuis luidt de diagnose: acute blindedarmontsteking. Net als Albon, in Monza 2022, waarop Nyck de Vries zijn sensationele Formule 1-debuut maakte. Ferrari appt reservecoureur Oliver Bearman. De achttienjarige Bearman wordt gezien als een van de grootste Engelse talenten. In 2023 reed hij een paar vrije trainingen voor Haas en maakte daar veel indruk. De Ferrari-Academy-coureur is op het circuit aanwezig. Hij rijdt in de Formule 2 en heeft in die klasse gisteren de poleposition voor de sprintrace gepakt. Juist als hij zich opmaakt voor die sprintrace, krijgt hij het verzoek zich te melden in de pits van het Formule 1-team. Bearman is een van Ferrari's drie reserverijders, dus je weet dat het een keer kan gebeuren, maar toch, eenmaal zover staat je wereld even op z'n kop. Snel beginnen de aanpassingen aan de auto: een coureur moet, zeker voor de uitputtingsslag in Jeddah, zo comfortabel mogelijk in de cockpit zitten, dus de hoofdsteun en de veiligheidsgordels worden aangepast en de pedalen verplaatst voor Bearmans lengte. Nog eens krijgt hij instructies over alle functies op het Formule 1-stuurtje. Het nummer 55 maakt plaats voor nummer 38, en even later staat ook zijn naam op de auto. Je Formule 1-debuut, bij Ferrari.

Gelukkig voor hem kent Bearman Jeddah inmiddels van de Formule 2, want het circuit is één langgerekte hogesnelheidsuitdaging. Voortslingerende bochten boven de tweehonderd en de tweehonderdvijftig per uur. Sommige blind. Een foutje is zo gemaakt en heeft grote gevolgen, omdat er weinig uitloop is. Tot en met 2026 zal de rollercoasterbaan van Jeddah het decor van de Grand Prix blijven, daarna opent het circuit van Qiddiya de poorten. De Saudi's presenteren het megaproject dit weekend. Nabij Riyad zal een nieuwe stad verrijzen vol pretparken en sportaccommodaties, waaronder een spectaculair Formule 1-circuit, dat als je de plaatjes mag geloven alle circuits ter wereld zal overtroeven. Kosten, vooralsnog: een half miljard.

Max klokt de snelste tijd in de derde vrije training. Zhou schiet van de baan en schuift zijn Sauber in de tecpro-barrier. Bearman eindigt als tiende. Sainz is inmiddels succesvol geopereerd. In de kwalificatie maakt Max opnieuw de dienst uit. In alle drie de sessies is hij de snelste en pakt de pole met drie tienden voor Leclerc. Het is Max' vierendertigste pole, waarmee hij in de eeuwige lijst Alain Prost en Jim Clark passeert. Met een gemiddelde snelheid van 254 km/u is het ook de snelste poleronde ooit buiten het circuit van Monza. Bearman is net blijven steken in Q2, het tweede deel van de kwalificatiesessie. Iedere sessie vallen er vijf coureurs af, in Q3 strijden de overgebleven tien coureurs om de poleposition. Bearman komt in Q2 drie honderdsten tekort om Hamilton uit Q3 te houden – niet slecht.

Wanneer op zaterdagavond de startlichten uitgaan is Max verreweg het beste weg. Pérez vanaf startplek drie, volgt direct in zijn spoor. Leclerc wordt ingesloten: Max voor zijn neus, Pérez al op gelijke hoogte naast hem. Zij aan zij draaien de Ferrari en de tweede Red Bull de chicane in. Links, rechts. Leclerc geeft niet op. Beide coureurs laten elkaar net genoeg ruimte, verstandig, maar het geeft Leclerc de gelegenheid om naast Pérez op bocht 4 af te razen, daar de binnenkant te pakken en daarmee plaats twee. Max, voor Leclerc, Pérez, Alonso, Piastri, Norris, Russell en Hamilton. Bearman handhaaft zich in de meute, knokt even met Tsunoda, moet over de kerbs. Piastri passeert Alonso.

En in de vierde ronde steekt Checo, geholpen door DRS, eenvoudig Leclerc voorbij. Max is al twee seconden los. Dan rijdt Stroll met zijn linkervoorwiel tegen de binnenkant van bocht 22 aan. De ophanging breekt en stuurloos schuift de Aston Martin rechtdoor tegen en onder de tecpro-barrier. Race over. Safetycar. Het is nog vroeg in de race, wie duikt de pits in voor een bandenwissel? Tijdens de safetycarfase moeten de coureurs achter de safetycar blijven, rijden langzamer en mogen niet inhalen, een bandenwissel kost je zo minder tijd ten opzichte van je concurrenten. Bijna iedereen komt binnen om van de mediumband over te gaan naar de harde band. Blijkbaar weten de teams dat de harde band lang genoeg meegaat om de race vanaf hier in één keer uit te rijden. Maar wie weet komt er nog een keer een safetycar. Norris en Hamilton gokken daarop, zij rijden door. Zij zouden ook veel tijd verliezen, omdat hun teamgenoot vóór hen de banden wisselt. Max is binnen. Red Bull doet wel een *double stack*, want achter hem komt ook Pérez de pits binnen rijden. Vliegensvlug worden achter elkaar twee keer vier wielen gewisseld, steeds in zo'n twee seconden – in een perfecte choreografie. Maar als het team Pérez laat gaan, komt hij wegrijdend pal voor de neus van Alonso. Een *unsafe release* heet dat, en de straf volgt al gauw: een tijdstraf van vijf seconden. Norris nu voor Max, Hamilton, Pérez, Leclerc en Piastri. De safetycar gaat weer naar binnen, de race gaat voort. Bearman steekt in de chicane, na een schijnbeweging naar buiten, binnendoor bij Tsunoda. Max rolt Norris op, Pérez en Leclerc gaan Hamilton voorbij – Hamilton en Norris willen zo lang mogelijk doorrijden op de mediumbanden, maar zullen ze daarvoor wel moeten ontzien en dat gaat ten koste van het tempo. Bearman passeert Hülkenberg, die ook op mediums rijdt. Daarachter rijdt Magnussen een hele groep auto's hinderlijk in de weg om zijn teamgenoot Hulk aan een WK-punt te helpen. De missie slaagt: na zijn pitstop komt Hülkenberg terug op plaats tien. Tegen het eind wisselen ook Norris en Hamilton hun mediumbanden in, voor softs. Op de zachte band kunnen ze harder, en hopelijk nog wat terrein goed maken – zeven seconden vóór hen rijdt Bearman. Vanaf de pitmuur wordt de debutant moed ingesproken: 'We kunnen het redden!' Volle bak moet Bearman gaan om zijn achtervolgers van het lijf te houden. Maar het lukt: een zevende plek bij zijn Formule 1-debuut. Bearman is volkomen gesloopt na afloop, de kijkers wereldwijd kiezen hem tot Driver of the Day. De Red Bull-coureurs worden niet zo vaak meer verkozen: hun prestaties zijn gewoon geworden, opnieuw koersen zij op een solide één-twee-zege af. Wordt het weer net zo'n seizoen als vorig jaar? Wie weet winnen ze dit keer alle races.

Stand:
Verstappen 51
Pérez 36

*

Na afloop van de race gooit Horner nog even wat olie op het vuur. Omdat Max in verband met Marko op zijn toekomst bij Red Bull heeft gehint, wordt Horner gevraagd of hij vreest voor een vertrek van Max uit het team. Horner antwoordt voorzichtig: 'Zeg nooit nooit.' Elders heeft Toto Wolff verkondigd dat Max altijd welkom is bij Mercedes.

Er is immers een zitje vrij volgend jaar. 'Iedere teambaas zou op zijn handen gaan staan als hij Max kan krijgen,' stelt Wolff. Horner ziet Max niet zomaar vertrekken. 'Ik zie geen enkele reden waarom iemand het team nu zou willen verlaten. Max krijgt alle steun en hij presteert geweldig, met een geweldige auto.' En dan volgt toch een steek: 'Niemand is groter dan het team. Wij willen graag onze geweldige reeks voortzetten, maar als iemand wil vertrekken, kunnen we hem niet tegenhouden. Je kunt niet iemand dwingen ergens te zijn vanwege een stukje papier. In dit team heb je betrokkenheid en passie nodig. Max heeft dat. Wij weten dat. Hij is hier al vanaf zijn achttiende. En ik twijfel er niet aan dat hij die betrokkenheid en passie nog steeds voelt. Zo zit het.' Sommige journalisten weten het nu zeker: Max gaat naar Mercedes. Is Jos niet gesignaleerd in gesprek met Toto Wolff? Anderen denken te weten dat Alonso kandidaat is bij Mercedes, al lijkt ook het jonge supertalent Kimi Antonelli kandidaat. Zeventien jaar. Wint alles. Al zit het in de Formule 2 momenteel even tegen. En Sainz dan? Ook een prima coureur. Aston Martin, is dat geen optie? Silly season gaat voort.

3

Grand Prix van Australië

Albert Park Grand Prix Circuit – 24 maart 2024

Langzaam lijkt de ophef binnen Red Bull uit te doven. Er wordt geracet, er wordt gewonnen. Er wordt nog bekend dat er in de winter een clausule aan het contract van Max is toegevoegd, waarin staat dat wanneer Helmut Marko het team verlaat hij ook vrij is om te vertrekken. Marko wegsturen is dus riskant, of beter: erg dom. De vrouw in de kwestie Horner heeft inmiddels beroep aangetekend bij de FIA. Je kunt je afvragen of dat slim is. Geen organisatie is zo goed en zo ervaren in het onder het tapijt vegen van explosieve dossiers. De FIA is een zogenaamd onafhankelijk orgaan in de slangenkuil en moet iedereen binnenboord en dus te vriend zien te houden: teams, fabrieken, sponsoren, aandeelhouders, wereldsterren, tv-zenders, organisatoren, politici, et cetera. Ben Sulayem, president van de FIA, werd beschuldigd van een poging om de uitslag van de race in Saudi-Arabië in 2023 te beïnvloeden; ook zou hij de race in Las Vegas hebben willen blokkeren. Een onderzoek van de FIA zelf heeft hem echter vrijgepleit. Natuurlijk. En hoe vaak heeft de FIA Ferrari al niet in bescherming genomen bij mogelijk gesjoemel? Verderop in het seizoen, ergens terloops, horen we vast dat die beroepszaak in de kwestie-Horner wordt afgewezen.

De auto's gaan de baan weer op. Sainz is wonderwel terug van zijn operatie. Het gaat nog wat moeizaam, maar in de eerste vrije training rijdt hij de achtste tijd, op een tiende van snelste man Norris. Max is tweede, hij is ergens flink naast de baan gegaan en moet de schade aan de vloer laten repareren. Meer reparatiewerk is er voor Williams, wanneer Albon in bocht 6 te hoog over de kerbs gaat, en met hoge snelheid in bocht 7 rechtdoor stuitert tegen en langs de muur. Albon is oké, maar de wagen is zwaar beschadigd. En Williams heeft geen reserveauto bij zich. De schade blijkt vrijdagavond zo groot dat het team besluit dat Sargeant voor de rest van het weekend zijn auto moet afstaan aan Albon. Hard. 'Het moeilijkste moment uit mijn loopbaan,' stelt Sargeant. 'Hij is een teamplayer,' prijst teambaas James Vowles. Albon rijdt vaker in de punten dan Sargeant, en Williams heeft de punten nodig. 'Dat we geen reserveauto beschikbaar hebben, laat zien hoezeer we achterlopen,' treurt Vowles.

In de kwalificatie is Sainz ontketend. In Q1 en Q2 rijdt hij de snelste tijd. Aan het slot van Q1 juicht Ocon, eindelijk een Alpine door naar Q2: 'Het voelt als een zege!' Hamilton blijft steken in Q2: 'Dit is de slechtste seizoenstart ooit.' Ook in Q3 is Sainz aanvankelijk de snelste, uiteindelijk wordt hij afgetroefd door Max. Pérez rijdt de derde tijd, maar krijgt een gridstraf omdat hij in een van de sessies Hülkenberg heeft gehinderd. Het komt vaker voor, een coureur die hinderlijk in de weg rijdt, wanneer een ander net een snelle ronde aan het rijden is. Goed in de spiegels kijken tijdens je langzame ronde en zo veel mogelijk van de racelijn blijven. Engineers op de pitmuur kunnen op een *tracker* kijken en moeten je waarschuwen voor achteropkomend verkeer, maar soms gaat het mis. Drie plaatsen terug. Het wordt een strijd met Ferrari, waarschuwen beide Red Bull-coureurs.

Bij de start is Max weer als eerste weg. Vóór Sainz draait hij de eerste bocht in. Iedereen komt ongehavend door de slingers. Max, voor Sainz, Norris, Leclerc, Piastri, Pérez, Russell. Business as usual. Maar Max loopt niet weg. Sainz blijft verbeten onder de vleugel van de Red Bull hangen. In de tweede ronde – de DRS mag worden geactiveerd – zet Sainz zelfs de aanval in en passeert Max buitenom op het snelle stuk voor bocht 9! Wat gebeurt hier? Heeft Ferrari vandaag een betere racepace dan Red Bull? Even later komt er een beetje rook uit de achterkant van de auto van Max. En heel snel wordt het meer. In de vierde ronde is het een fikse rookwolk, rechtsachter. De concurrenten vliegen nu voorbij. Max meldt via de radio dat er iets mis is met de remmen, ze staan in brand. Nog voor hij in de pitstraat is ploft er rechtsachter iets, zwarte remstof vliegt tegen de muur aan, vlammen slaan uit het achterwiel. Bij de pitbox staat het team al klaar met brandblussers. Het vuur wordt snel gedoofd. De rem rechtsachter blijkt meteen na de start vastgelopen. Onduidelijk waarom. 'Het voelde al meteen of ik met de handrem erop reed,' vertelt Max later. Voor het eerst sinds Melbourne 2022 heeft hij de strijd moeten staken met pech. Een ongelofelijke reeks van drieënveertig races komt ten einde. Het record blijft op naam van Hamilton staan: achtenveertig races op een rij gefinisht.

Sainz! Twee weken geleden nog op de operatietafel, hij leidt de dans. Zonder duels, zonder auto's voor hem heeft hij 'vrije lucht', kan hij zelf het tempo bepalen en zo zijn banden optimaal sparen. Hij is dan ook een van de laatsten die binnenkomt voor een eerste pitstop. Op hetzelfde moment geeft Hamilton langs de baan op met motorpech. Weer een weekend om te vergeten. Meer en meer lijkt Ferrari de juiste keuze. Als Alonso ook zijn banden wisselt, rijden beide Ferrari's vooraan, Leclerc is Norris in de pitstopfase voorbij gegaan. Pérez is bij zijn pitstop in het verkeer, dat wil zeggen achter langzamere deelnemers beland, maar knokt zich even later weer omhoog en passeert ook Russell en Alonso. De twee Ferrari's en de twee McLarens zijn inmiddels buiten bereik. Bij McLaren krijgt Piastri de opdracht Norris voorbij te laten, Norris heeft versere banden en kan misschien nog Leclerc aanvallen. De Ferrari's zijn echter superieur vandaag. Na zijn tweede pitstop weet Leclerc nog juist Pérez en Alonso achter zich te houden, verdedigend op koude banden. Goed getimed ook van de strategen op de pitmuur. Had hij tijd verloren achter Alonso en Pérez, dan was Norris misschien nog een bedreiging geweest. Achter de leiders zijn er nog vermakelijke duels op de baan, waaronder een rondenlang duel tussen Magnussen en Albon, uiteindelijk met een gedurfde actie in het voordeel van de Deen beslist. Wanneer de Ferrari's in de laatste ronde op hun dubbelzege afkoersen is er plots nog een zware crash. Russell verliest in bocht 6, pal achter Alonso, de controle over zijn wagen, slaat in bocht 7 tegen de muur en glijdt het circuit weer op. De afgebroken linkerwielen (nog wel vast aan Kevlar-kabels) slaan onder de auto, zodat de Mercedes gekapseisd dwars op de baan tot stilstand komt. Onmiddellijk is er een virtual safetycar. Russell kan ongedeerd uitstappen, maar is woest op Alonso. Ze waren al rondenlang in gevecht om plaats zes, maar volgens Russell remde Alonso dit keer veel eerder voor de bocht. Na de race moeden zich dan ook melden bij de stewards. Russell houdt vol: Alonso vertraagde ineens enorm voor bocht 6. Alonso beroept zich in vage bewoordingen op iets met zijn batterij en verklaart dat hij nu eenmaal niet met de auto achter hem bezig is. De stewards kijken ook de telemetrie in. Ze zien dat Alonso honderd meter eerder dan normaal vertraagde, dat vinden ze te veel. Hij is daarom schuldig aan de crash. *Potentially dangerous driving.* Hij krijgt een *drivethrough penalty* (verplicht eenmaal door de pitstraat rijden – tachtig per uur). Omdat de race echter meteen afgelopen was, wordt dit omgezet in een tijdstraf van twintig seconden, waardoor Alonso in de uitslag terugvalt van plaats zes naar plaats acht.

De race is gefinisht onder de virtual safetycar. Sainz is de winnaar. Briljant na alles wat er met hem gebeurd is. Natuurlijk zingt hij over de radio zijn lijflied 'Smooth Operator'. Wie gunt het hem niet? 'En dan te bedenken dat ik voor volgend jaar nog steeds werkloos ben…' grijnst hij in de interviews na afloop.

Stand:

Verstappen	51
Leclerc	47

*

Wie moest er ook alweer weg bij Ferrari? Sainz. Leclerc staat nu eenmaal te boek als de Golden Boy, de snellere coureur, de man die het tegen Max kan opnemen. Maar Sainz wint intussen races! Vorig jaar die superslimme zege in Singapore. Door Norris in de juiste bochten in zijn kielzog te houden en hem zo DRS te geven, kon Norris ronde na ronde de aanvallen van het snellere Mercedes-duo afslaan. Het was de enige race die niet werd gewonnen door Red Bull in 2023. En nu dan deze in Australië. Met een geweldig verhaal eraan vast. Twee weken eerder in Saudi-Arabië lag Sainz in het ziekenhuis met een acute blindedarmontsteking. Operatie. Weer thuis in Spanje nam hij eerst vier dagen totale rust. Al begon hij meteen experts te raadplegen over een zo snel mogelijk herstel, vooral van de wond. Geholpen door specialisten met Indiba-elektrotherapie, begon hij aan zijn terugkeer. Het ging langzaam. Australië naderde. Hij belde met Albon, in 2022 met hetzelfde probleem geveld, die hem geruststelde: de eerste week denk je dat het niet opschiet, maar de tweede week ga je heel snel vooruit. En zo ging het. Op maandag vloog hij naar Melbourne. Daar werd de auto aangepast, kussentjes onder de gordel om de wond te ontzien, het stoeltje wat aangepast, het rempedaal. Albon had hem ook gewaarschuwd: als je rijdt voel je door de G-krachten al je ingewanden bewegen, meer dan normaal. Vreemd, maar ongevaarlijk. Artsen gaven hem toestemming om te gaan racen. En langzaam kwam de smooth operator weer op stoom. P2 achter Max in de kwalificatie, na twee ronden aan de leiding in de race en die onbedreigd naar huis gereden. Ongelofelijk. Wie moet er nou weg bij Ferrari?

Het is een beetje de tragiek van Sainz. Er zijn dagen, momenten dat hij ongenaakbaar is, vol strijdlust. Monza vorig jaar. Singapore daarna. Races met een mooi verhaal, alleen al daarom moet je als Formule 1-liefhebber wel van Sainz houden. Maar hij is er niet altijd. Er zijn ook veel, te veel, momenten dat je die strijdlust niet ziet. Hij heeft niet het meedogenloze van Max, niet het vanzelfsprekende air van Leclerc – tegen beiden legt hij het uiteindelijk toch af. Sainz zal nooit met de vuist op tafel slaan, dingen opeisen, teamorders negeren. Hij is te netjes, te beleefd voor de absolute top in de Formule 1. En nu? Een van de weinige racewinnaars in het tijdperk-Max, een pak aan ervaring – waar gaat hij heen in 2025? Mercedes heeft hem niet onmiddellijk ingelijfd. Toto Wolff praat over Max en over Antonelli, niet over Sainz. Terug naar Red Bull, weer tweede man achter Max? Dat was bij Toro Rosso ook geen succes. Dan maar naar Sauber, een jaartje sappelen en dan de leider worden bij de entree van Audi? Onzeker. Want hoelang gaat het duren voor Audi de boel op orde heeft, als dat al lukt... Veel meer opties zijn er niet. Alpine, Haas, Williams, dat is toch allemaal onder zijn niveau. Silly season is meedogenloos.

4

Grand Prix van Japan

Suzuka International Racing Course – 7 april 2024

De Grand Prix van Japan is dit jaar in het voorjaar. Dit om, maatschappelijk verantwoord, de vliegbewegingen van de Formule 1 enigszins te beperken. Een mooie gelegenheid natuurlijk voor Japan om de fraaie kersenbloesems te laten zien. Toch, zo'n verandering is een regelrechte aanslag op de bioklok van de Formule 1-liefhebber. Want Japan hóórt in oktober – zo is het altijd geweest. Al die beslissende races aan het einde van het seizoen op Suzuka zitten in het collectief geheugen: Schumacher in 2000, Mika Häkkinen in 1998, Damon Hill in 1996, Prost en Senna 1989 en 1990. Suzuka, dan begint de herfst. Het is al zo sinds de eerste Grand Prix van Japan op Fuji, 24 oktober 1976, de dramatische showdown in de stromende regen. De eerste race ooit die wereldwijd live werd uitgezonden op televisie. De definitieve doorbraak van Circus Ecclestone. Die doorbraak kwam er vooral door het verhaal van 1976. Niki Lauda onbedreigd op weg naar de titel, tot zijn ongeluk op de Nürburgring, zijn wederopstanding en het gevecht tot aan de laatste race met zijn tegenpool, playboy James Hunt. Strijd, drama, spanning: een goed verhaal maakt de Formule 1 tot wat het is. Denk maar aan 2021 en de finale in Abu Dhabi. Komt er nog strijd in 2024? Kan Ferrari de stijgende lijn doortrekken of stelt Red Bull in Japan gewoon weer orde op zaken? De rust binnen het team lijkt weergekeerd. Horner heeft de storm doorstaan, Marko heeft de steun van Max, en het team is weer aan het winnen. Al wil het gerucht dat Aston Martin – lees papa Stroll – een mega-aanbieding heeft gedaan aan Adrian Newey. De geniale ontwerper zou ongelukkig zijn met al het gedoe binnen het team. Silly season beperkt zich allang niet meer tot de coureurs. Links en rechts worden ingenieurs, technisch directeuren en aero-specialisten weggekocht. Maar Newey is wel de hoofdprijs. Intussen is Liberty Media voor vier miljard dollar eigenaar geworden van het MotoGP-circus.

De coureurs vinden Japan in het voorjaar beter. Het is koeler, dat is beter voor de banden, en de zon schijnt minder in je gezicht. 'In sommige snelle bochten zag je gewoon niks,' aldus Pérez. Williams heeft, na het debacle in Australië, de tweede auto weer opgelapt en moet aanzien hoe Sargeant hem in de eerste vrije training meteen weer in de kreukels rijdt. De Amerikaan gaat te hard voor de Dunlop-bocht, raakt op het gras, spint en slaat hard in de muur. De schade kan worden hersteld. Net als vorig jaar lijkt Max vastbesloten om na een verliesronde meteen weer zijn stempel te drukken op het weekend. In de twee vrije trainingen zonder regen is hij de snelste, en ook in de kwalificatie is hij in alle sessies superieur. Checo komt nog dichtbij, binnen een tiende. Norris moet al drie tienden toegeven, de rest een halve seconde. Iedereen is verbaasd: 'Waar komt die halve seconde vandaan?' vraagt Hamilton over de radio. 'Ik dacht dat ik een goede ronde reed,' pruilt Alonso. En Leclerc, die blijft steken op plaats acht, verzucht dat hij echt niet beter kon dan dit.

Vanaf zijn vierde pole heeft Max opnieuw de beste start en schuift meteen naar rechts voor de wielen van Pérez, die ook goed wegkomt, maar hier in Japan geen stunts zal uithalen zoals in Mexico vorig jaar. Keurig voegt hij in achter Max. Sainz probeert in bocht 1 binnendoor te glippen bij Norris, maar Norris neemt meer snelheid mee en blijft derde. Terwijl de koplopers door de Esses zwieren, vliegen er achteraan twee auto's van de baan. Ricciardo ziet bij het naderen van de eerste draai naar links Stroll aan de binnenzijde. Om meer snelheid mee te nemen opent Ricciardo de bocht: hij beweegt wat naar rechts, maar daar rijdt Albon al. De Racing Bull en de Williams raken elkaar. Ricciardo gaat achterstevoren en tolt van de baan. Albon glijdt over het gras rechtdoor en slaat hard in de bandenstapel. De banden (je ziet ze niet zoveel meer langs Formule 1-circuits) vliegen hoog op, het ziet er spectaculair uit. Wéér een Williams aan barrels. Naast elkaar staan de auto's tegen en onder een chaos van reclameborden en autobanden. De coureurs zijn in orde. Langs de baan hangt inmiddels de rode vlag uit. De race wordt stilgelegd. Iedereen de pits in. Zodat de rommel rustig kan worden opgeruimd en de afzetting hersteld. Als dat is gebeurd volgt een staande herstart.

Max is opnieuw goed weg, voor Pérez, Norris, Sainz, Alonso en Piastri. In de mêlee rijden de teamgenoten Ocon en Gasly tegen elkaar op. Niet voor het eerst. Vorig jaar zaten ze elkaar ook regelmatig in de weg. Beide auto's lopen lichte schade op aan de vloer, waardoor ze weinig meer kunnen uitrichten. Red Bull op kop. Er is weinig strijd. Iedereen let vooral op zijn banden; hoelang kunnen ze mee? Norris moet als eerste wisselen. Een paar ronden later volgt de rest. Leclerc rijdt het langst door. Hij komt zelfs op kop en lijkt, in tegenstelling tot de rest, voor een éénstopstrategie te gaan. Omdat hij lang doorgaat, moet hij zijn tempo echter matigen en niet veel later wordt hij alweer ingehaald door Max, die al een pitstop heeft gemaakt. Leclerc weet ook dat hij vandaag niet tegen de Red Bulls racet. Norris en Pérez rollen daarachter de beide Mercedessen op, die zijn gestart op de harde band en dus nog geen stop hebben gemaakt. Even later passeert Pérez ook Norris in de chicane. Sensatie is er wanneer in het achterveld vijf auto's tegelijk de pits in razen voor hun bandenwissel. Magnussen, voor Bottas, Sargeant, Tsunoda en Stroll. Welke crew werkt het snelst? Hoogspanning. Tsunoda wordt het eerst weer losgelaten. Tot grote vreugde van de Japanse fans rijdt hij als eerste de pits weer uit, op de voet gevolgd door Stroll, Magnussen, Bottas en Sargeant. Ten slotte komt ook Leclerc naar binnen. Hij valt terug naar plaats zes, maar weet dat de mannen voor hem nog een keer banden zullen wisselen. Het werkt, want wanneer de tweede ronde pitstops is geweest, ligt Leclerc op de derde plaats, alleen de Red Bulls voor hem. Tsunoda brengt het publiek nog eens in vervoering met een mooie passeeractie in de laatste bocht van de Esses. Hij steekt Hülkenberg voorbij voor plek tien en een WK-punt. Sainz, op versere banden, haalt Leclerc nog in.

De kaarten zijn definitief geschud. Red Bull domineert. Max wint. Pérez volgt eerbiedig op twaalf seconden. Ferrari volgt op twintig seconden, Norris al op dertig. Het is de derde één-twee-zege voor Red Bull in vier races. Het Formule 1-seizoen 2024 lijkt nu al een gelopen koers.

Stand:
Verstappen 77
Pérez 64

*

Intussen kijken de teams vooruit naar 2026. Dan komt er een geheel nieuw reglement voor de Formule 1. Om aan te sluiten bij ontwikkelingen op de mondiale markt, én om het Volkswagenconcern (Audi) binnenboord te krijgen, zullen de auto's in 2026 meer hybride zijn dan nu. De aandrijving zal fifty-fifty worden verdeeld over de benzinemotor en een elektrische aandrijving. Vorig jaar waren er zorgen dat de batterijen niet genoeg vermogen zouden kunnen leveren, waardoor auto's op lange rechte stukken in de problemen zouden komen. Een oplossing was de aanpassing van het chassis, meer in het bijzonder: een beweegbare achtervleugel, die in de bochten meer en op een recht stuk minder luchtweerstand zou geven. Een soort super-DRS eigenlijk. De teams hebben nu in hun simulaties ontdekt dat de auto's op de rechte stukken onbestuurbaar worden en om niets beginnen te spinnen. Misschien moeten ook de voorvleugels beweegbaar worden?

Al in de oertijd van de vleugels, eind jaren zestig van de vorige eeuw, begrepen ontwerpers dat beweegbare vleugels veel meer rendement zouden leveren. In Le Mans beschikte de legendarische Porsche 917 over verstelbare achtervleugels. Met de vleugels omhoog was het monster in de bochten nog net op de baan te houden, met de vleugels plat werd op het rechte stuk moeiteloos 400 per uur gehaald... Diverse Formule 1-constructeurs experimenteerden in 1969 dan ook met beweegbare vleugels, Handmatig verstelbaar, of gerelateerd aan het gaspedaal. Tot tijdens de Grand Prix van Spanje, op de Montjuich bij Barcelona, beide Lotus-coureurs van de baan werden gekatapulteerd, nadat de beweegbare achtervleugel, hoog boven de auto op dunne staken, afgebroken was. Beide auto's ketsten als biljartballen tussen de vangrails heen en weer. Graham Hill bleef ongedeerd, maar Jochen Rindt moest bewusteloos uit het wrak worden bevrijd. Gelukkig was de auto niet in brand gevlogen. Vanuit het ziekenhuis schreef Rindt een brief aan Chapman dat hij niet langer voor Lotus wenste te rijden wanneer Chapman zijn ontwerpen niet steviger zou maken. De FIA greep in en verbood aanvankelijk alle vleugels. In samenspraak met de constructeurs werd het gebruik van vleugels later weer toegestaan. Ze moesten echter stevig op het chassis zijn vastgemaakt, binnen een zekere omvang blijven en ze mochten vooral niet meer bewegen. Deze laatste eis is nog altijd geldig, maar wordt in 2026 dus losgelaten. Destijds had eigenlijk niemand enig benul van de enorme krachten op de vleugels, nu kunnen constructeurs de neerwaartse druk overal op de auto's tot ver achter de komma berekenen, aan de hand van computermodellen en windtunneltests. Bij de botsing tussen de twee Alpines in Japan verloor Gasly door de schade aan de vloer volgens zijn ingenieurs ruim 'dertig punten' downforce – hoeveel één punt waard is zegt het team er natuurlijk niet bij…

5

Grand Prix van China

Shanghai International Circuit – 21 april 2024

Na vijf jaar afwezigheid keert China weer terug op de Formule 1-kalender. Covid, de nasleep en nog eens covid blokkeerden de race, die zo graag wilde, maar steeds weer van de kalender verdween. Het is meteen ook het eerste sprintweekend van het seizoen. Met een kleine verandering in het format: op vrijdag is er één vrije training, daarna de kwalificatie voor de sprint, op zaterdag is er de sprintrace en daarna de kwalificatie voor de Grand Prix en op zondag de grote race: de Grand Prix. Zo, stelt men, snappen de fans het beter. Er is veel kritiek op de sprintraces: ze zouden saai zijn. Ik vind zo'n korte race toch wel wat hebben, ook de kortere kwalificatiesessies voor de sprint. Zeker die kwalificatie krijgt zo iets hectisch. Wat mij betreft had het hele sprintgebeuren op de zaterdag bijeen mogen blijven. De coureurs zijn niet blij met de sprints. En al helemaal niet met deze. Door de lange afwezigheid is het circuit relatief onbekend, en door de sprint is er weinig tijd om de auto optimaal te krijgen. Prima, het vergroot de uitdaging. Niet te veel naar de coureurs luisteren, zei Max ooit. En zo is het; maak het ze niet te gemakkelijk.

De baan is nog 'groen', dat wil zeggen: er is nog weinig

op gereden, er ligt weinig rubber en daarom is het glad. Tijdens de vrije training verbetert het snel. De laatste op de baan rijdt dan vaak de snelste tijd. Dit keer is dat Stroll. Stroll is alweer aan zijn achtste Formule 1-seizoen bezig. Er is veel kritiek op het rijkeluiszoontje, dat vaak lusteloos en ongeïnteresseerd overkomt. Hij kan er geen pepernoot van, is de algemene opinie, en zit alleen in de Formule 1 omdat zijn vader van het wereldkampioenschap droomt. Vanuit het team wordt Stroll jr. echter regelmatig de hemel in geprezen, om de moed erin te houden en een wit voetje te halen bij de baas. In China neemt Alonso het maar weer eens voor zijn teamgenoot op: 'Lance is veel sensitiever dan ik. Hij helpt me soms met set-up- en balansproblemen. Zijn feedback is cruciaal voor het team.' Cringy. Alonso heeft overigens bijgetekend tot en met 2026. Hij is dus de eerste die niet naar Mercedes gaat.

De sprintkwalificatie, ook in drie afvalrondes, vindt plaats onder de dreiging van regen. Iedereen komt snel de baan op om in elk geval één snelle ronde neer te zetten – een zogeheten '*banker*'. Vooralsnog blijft het droog. Beide Alpines liggen er in SQ1 al uit. Het gerucht gaat dat het team inmiddels te koop staat. Aan het eind van SQ2 begint het te regenen. Russell is de klos, hij kan zijn tijd niet meer verbeteren en valt buiten de top tien. Groot gejuich van de tribunes als Zhou de pits in rijdt: hij heeft het wel gehaald, voor het eerst dit seizoen. Zhou is in eigen land een held, er is zelfs een bioscoopfilm over zijn leven in de Formule 1 gemaakt. Maar of hij volgend jaar nog in de Formule 1 rijdt… In SQ3 regent het. Op de natte baan glijden de coureurs regelmatig naast het asfalt: Leclerc, Max, Norris. Met name in de laatste bocht, opkomen start-finish, is het moeilijk de auto binnen de lijntjes te houden. Norris zet uiteindelijk de snelste tijd neer. Even lijkt zijn tijd te worden geschrapt omdat hij naast de baan is gegaan. Het was echter nog net in de ronde ervoor. 'Het was echt een alles of niets-rondje,' glundert Norris. 'Ik word altijd wat nerveus van dit soort kwalificaties. Bang voor fouten, voor aquaplaning, je hart bonkt, maar het was gaaf!' Hamilton is evenzeer verheugd met zijn tweede plaats. Max blijft steken op plaats vier. 'Het was ongelofelijk glad,' vertelt hij. 'Lastig om genoeg temperatuur in de banden te krijgen. Alsof ik op ijs reed.'

De sprint op zaterdag gaat over negentien ronden, bij elkaar honderd kilometer. De eerste acht finishers krijgen punten, van 8 tot 1. Naast elkaar gaan Norris en Hamilton ervandoor. Naast elkaar gaan ze de lang doordraaiende eerste bocht in. Norris aan de buitenkant. Hij probeert snelheid mee te nemen, maar de McLaren glijdt opzij over de witte blokken naast de baan. Hij moet gas loslaten, snel weer invoegen in bocht twee, en is teruggevallen naar plaats zeven... Hamilton, voor Alonso, Max, Pérez, Sainz en Leclerc. De kampioenen voorop. En al snel laat Max zien wie de regerend kampioen is. In de zevende ronde gaat hij met DRS vrij eenvoudig langs Alonso voor bocht 14, en twee ronden later op dezelfde manier langs Hamilton. De oude vechtjassen stribbelen niet tegen, ze weten het. Orde hersteld. Achter hen is Sainz op oorlogspad. Al in de eerste ronde heeft hij Pérez verrast. Tegen het eind van de race zet hij de aanval in op Alonso. Sainz gaat beter door bocht 6 en komt bij het uitkomen op gelijke hoogte. Zij aan zij, elkaar schampend, gaan ze door de royale slingers van 7 en 8. Sainz komt voor zijn landgenoot uit, maar in bocht 9 waagt Alonso alsnog een spectaculaire uitremactie. Van ver komt hij aan de binnenzijde remmend aangeschoven. Te hard. Touché. Sainz wijkt uit naar buiten, moet even naast de baan. Intussen piept Pérez bij de vechtenden binnendoor en wint zo twee plaatsen, ook Leclerc komt eraan. Alonso verliest snelheid, hij heeft een lekke band door de botsing. In bocht 11 steken de Ferrari's hem voorbij. Sainz houdt net stand voor Leclerc. In bocht 14, de hairpin, dringt Leclerc nog eens aan. Sainz geeft echter geen ruimte en dwingt zijn teamgenoot aan de buitenzijde naast de baan. Even later wringt Leclerc zich in bocht 1 toch binnendoor. Een heerlijk potje racen. Max wint. Intussen alweer twaalf seconden voor Hamilton.

'S Middags tijdens de kwalificatie blijft Hamilton dan weer steken in Q1. Foutje in bocht 14, geeft hij toe. In Q2 is er een spectaculaire crash van Sainz: te hard door de laatste bocht, over de kerbs, in het grind en vervolgens tollend naar de andere kant van de baan, tegen de afzetting. De Ferrari lijkt zwaar beschadigd, maar wonderwel kan Sainz even later toch verder. Hij rijdt een hele ronde terug naar de pits, laat de auto nakijken en repareren, om vervolgens doodleuk de tweede tijd te klokken. 'Is de auto in orde?' vraagt zijn engineer over de radio. 'Dat moet wel, hè?' is het antwoord. In Q3 scoort Max zijn vijfde pole, vijf uit vijf. Het is Red Bulls honderdste poleposition. Achter Max is het superspannend: in de slotseconden van Q3 zetten respectievelijk Sainz, Leclerc, Piastri, Norris, Alonso en Pérez achter elkaar de tweede snelste tijd neer. Red Bull weer één en twee. 'Morgen kan ik met Max strijden om de zege,' gromt Pérez. Heeft hij het nou nog steeds niet door?

Zondag, bij de start, laat Checo zich meteen verschalken door Alonso, buitenom in bocht 1. Norris zit eerste rang om te zien hoe het dus wel kan. Max, Alonso, Pérez, Norris, Piastri, Russell, Leclerc. In de vijfde ronde gaat Pérez de Aston Martin weer voorbij. Max rijdt dan al vijf seconden voor. Twee ronden later gaat ook Norris Alonso eenvoudig voorbij. De krachtsverhoudingen zijn duidelijk. Van achteruit komt Leclerc opzetten: Russell en Piastri moeten eraan geloven. In de dertiende ronde stoppen de Red Bulls tegelijk aan de pits. Een 'double stack'. Norris rijdt door en leidt. Leclerc ligt zelfs even tweede, maar zes ronden later is Max ze allebei alweer voorbij. Dan valt Bottas stil op het circuit. Virtual safetycar. Voordeel voor Norris, die meteen zijn pitstop maakt. Omdat de marshals de auto van Bottas niet gemakkelijk weg krijgen, komt echter ook de echte safetycar de baan op. Bij een virtual safetycar houdt iedereen zich aan een maximumsnelheid en blijven de onderlinge afstanden gelijk. Bij de echte safetycar groepeert het veld zich achter de safetycar. Inhalen is in beide gevallen verboden. Meteen duiken de beide Red Bulls de pits in voor nieuwe harde banden. Nog vierentwintig ronden te gaan; op dit setje kunnen ze tot aan de finish. De double stack kost Pérez, omdat hij toch even moet inhouden, twee plaatsen: Norris en Leclerc zijn al voorbij als hij de pits uit komt.

Drie ronden later, de Sauber afgevoerd, is het tijd voor de rollende herstart. Op weg naar de startlijn ligt het veld nog dicht bijeen. Voor de hairpin wordt er massaal geremd, het veld schuift nog wat meer ineen – het zogeheten 'concertina-effect'. Ergens midden in de meute zit iemand echter niet op te letten: Stroll. Met een flinke vaart rijdt hij tegen Ricciardo op. De Racing Bull vliegt met de achterkant omhoog en klapt weer op het asfalt. Schade. De herstart wordt uitgesteld. Stroll moet naar de pits. Ricciardo lijkt voort te kunnen, tot de race weer op gang komt en de schade te groot blijkt: opgave. Ricciardo – met een negende plaats had hij een paar WK-punten binnen handbereik – is boos. 'Op de on-board beelden zie je dat hij alleen maar naar de bocht kijkt, hij let gewoon niet op wat er vóór hem gebeurt! Het is bepaald geen lieflijk tikje, hij komt half onder mijn auto...' Stroll krijgt een tiensecondenstraf. Hij begrijpt er niks van: 'Iemand remde, en toen remde iedereen. Ik kon nergens heen.'

Max wint. Zege nummer vier uit vijf races. 'Het is geweldig. Het is fijn om in deze auto te rijden. Op elke soort band. Ik kon doen wat ik wilde. De auto ging als op rails.' In de pits heeft Marko een grote glimlach op zijn gezicht: 'Ik denk dat we alweer aan een nieuwe wereldtitel kunnen gaan denken.' In een interview zegt de viervoudige wereldkampioen Alain Prost dat het niet zoveel voorstelt op deze manier. In zijn tijd had Prost tenminste tegenstand, van niemand minder dan Senna. 'Met zo'n strijd heeft een titel veel meer waarde.' Tja, het is misschien niet zo spannend, maar om ieder weekend weer perfect te presteren is echt niet zo gemakkelijk als het lijkt. Dat moet Prost toch ook weten. De anderen moeten nóg meer hun best gaan doen. Een dubbelzege voor Red Bull wordt het dit keer niet. Norris houdt Pérez op afstand en wordt tweede. Norris is blij verrast. Via de boordradio feliciteert hij zijn moeder, die zaterdag jarig was: 'Deze is voor jou mam, ik hou van je.'

Stand:
Verstappen 110
Pérez 85

*

Kort na de race in China komt er vanuit de kleinere teams het voorstel om de puntentelling te veranderen, dat wil zeggen: uit te breiden. Het idee is om niet alleen de eerste tien gefinishte coureurs punten te geven, maar de eerst twaalf. Omdat er zo weinig stuk gaat aan een moderne Formule 1-wagen en er dus weinig uitvallers zijn, scoren de top vijf-teams doorgaans de punten. Daarachter wordt soms hard gestreden voor plek elf of twaalf, en dat levert geen punten op, geen beloning, geen exposure.

De puntentelling is in de loop der jaren vaak veranderd. In den beginne, in 1950, kregen alleen de eerste vijf finishers punten: 8, 6, 4, 3, 2, en er was een bonuspunt voor de snelste ronde. In 1960 kreeg ook nummer zes één punt, het punt voor de snelste ronde verdween. Vanaf 1961 kreeg de winnaar 9 punten. Deze puntentelling bleef dertig jaar intact. De klassieke periode van de Formule 1: Clark, Stewart, Lauda, Piquet, Prost. Vanaf 1990 kreeg de winnaar zelfs tien punten, dit om het werkelijke winnen van een race meer te belonen. In 2003 werd de puntenwaardering uitgebreid, inderdaad omdat er steeds meer auto's finishten. De eerste acht scoorden punten: 10, 8, 6, 5, 4, 3, 2, 1.

Vanaf 2010 is de huidige puntentelling in gebruik. Punten voor de eerste tien: 25, 18, 15, 12, 10, 8, 6, 4, 2, 1. De reden voor uitbreiding is steeds dezelfde: minder auto's vielen uit en de winnaars scoorden zo significant meer. Vanaf 2019 is het punt voor de snelste ronde weer terug – dat echter alleen wordt toegekend als de betreffende coureur in de top tien finisht. En natuurlijk zijn er vanaf 2021 ook de sprintraces bijgekomen.

Bizar feit is dat vanaf het prilste begin tot aan 1990 (!) soms niet alle gescoorde resultaten meetelden. In 1950 bijvoorbeeld telden van de zeven races alleen de vier beste resultaten mee. De auto's gingen in die jaren nog zo vaak stuk, dat je blij was als je viermaal een goed resultaat scoorde. Gaandeweg kostte dat coureurs die goed waren in het heel houden van het materiaal toch punten, en zelfs kampioenschappen. In 1964 moest Graham Hill zijn vijfde plaats (twee punten) behaald in België schrappen, en zo verloor hij op één punt de titel aan John Surtees. Het beroemdste voorbeeld is de uitslag van 1988: Alain Prost scoorde 115 punten, maar moest drie tweede plaatsen (achttien punten!) schrappen, zodat Senna met 90 punten (hij hoefde slechts vier punten weg te strepen) kampioen werd. Vanaf 1991 telt ieder gescoord punt mee.

Puristen, zoals ik, die de klassieke periode hebben meegemaakt waarin alleen de eerste zes finishers punten scoorden, vinden het uitbreiden van de puntenwaardering nooit een goed idee. Nou ja, vooruit, aan punten voor de eerste tien zijn we nu wel gewend. Maar twaalf… Punten moet je echt scoren, wanneer je te veel finishers – meer dan de helft! – beloont, wordt het te gemakkelijk. Bernie Ecclestone kwam ooit met het onzalige idee om alleen aan de eerste drie finishers, analoog aan de Olympische Spelen, medailles uit te reiken: goud, zilver en brons. Eenvoudig: wie het meeste goud pakte werd wereldkampioen. Gelukkig kreeg Bernie niet altijd zijn zin.

6

Grand Prix van Miami

Miami International Autodrome – 5 mei 2024

Het nieuws slaat in als een bom. Adrian Newey heeft te kennen gegeven dat hij Red Bull gaat verlaten. Begint het Red Bull-team nu toch uit elkaar te vallen? Het aerodynamisch vernuft van Newey is de sleutel tot alle successen van het team. Eerst was er de reeks met Vettel, met de zogenaamde 'blown diffuser' en nu is er het 'ground effect' onder de zegereeks van Max. Is Newey onmisbaar? Het team kent intussen heel veel specialisten, van wie er een heleboel bij Newey in de leer zijn geweest, maar toch... Newey ontwikkelde zich nog in de tijd dat constructeurs alles tot in detail van de auto moesten weten, en soms ook met hun handen in de motorolie moesten staan. Daar zijn er niet veel meer van, en het betaalt zich uit. Twaalf wereldtitels voor constructeurs en dertien wereldtitels bij de coureurs, met zijn auto's. Met zijn genialiteit inzake aerodynamica en al zijn successen, is hij ongetwijfeld de beste ontwerper in de moderne Formule 1, misschien wel in de hele geschiedenis van de sport. De overstap van Hamilton naar Ferrari werd de transfer van de eeuw genoemd, maar dit besluit zal een veel grotere impact hebben. Wat gaat Newey doen? Waarom gaat hij weg? Als reden geeft hij aan dat hij moe is. Het slopende titelgevecht uit 2021 en het ontwikkelen van de ground-effect-auto in hetzelfde jaar hebben hun tol geëist. Deze winter voelde hij die moeheid weer en hoe het daarna binnen het team ging hielp ook niet mee. Dus toch. In een interview vorig jaar vertelde hij dat hij het jammer vond nooit met Alonso en Hamilton te hebben gewerkt. Het kan nog! Hamilton laat al snel weten dat hij het een eer zou vinden als hij met Newey bij Ferrari kon werken. Onmiddellijk begint de geruchtenmolen te draaien. Newey zelf geeft aan dat hij eerst even wil bijkomen en misschien wel met pensioen gaat. Lekker anoniem met zijn vrouw samen toeren door Frankrijk. Is dit het begin van het einde van het team Red Bull?

Newey is natuurlijk het gesprek van de dag zodra het circus in Miami neerstrijkt. Iedereen wil hem spreken. Iedereen weet al wat hij straks gaat doen. Ferrari. Anderen houden het op Aston Martin. Silly season. In alle consternatie gaat bijna verloren dat Sauber (lees: Audi) Hülkenberg heeft gestrikt. Vanaf 2025 gaat hij voor Sauber rijden en zal vervolgens het jaar erop Audi-coureur zijn. Ervaring. Snelheid. Weten ze bij Audi dat hij in al die jaren nog nooit op het podium heeft gestaan? Wie komt er naast Hülkenberg? Hoe is het met Sainz? En is Newey niks voor McLaren? Teameigenaar Brown zegt dat ze tevreden zijn met hun team en hoe het zich ontwikkelt. Naar Miami hebben ze een eerste flinke upgrade meegenomen. Een volledige upgrade voor Norris en een gedeeltelijke voor Piastri. Sprintweekends zijn misschien lastig om upgrades uit te proberen (er is slechts één vrije training), maar McLaren is overtuigd. En terecht, zo lijkt het, want in de sprintkwalificatie gaat Norris hard.

Zowel in de eerste als de tweede sessie zet hij de snelste tijd neer. In SQ3, de beslissende sessie, maakt hij echter wat foutjes: 'Het begon al bij bocht 1 en daarna werd het alleen maar erger.' Hij blijft steken op plaats negen. Max is verbaasd dat hij de pole pakt voor de sprint. Hij kreeg de banden niet aan de praat. 'Het voelde verschrikkelijk. Maar op een of andere manier staan we toch vooraan.' Naast hem op de eerste rij zal Leclerc staan. Ferrari presenteert in Miami een nieuwe sponsor, die als hoofdkleur blauw heeft – overal schreeuwt het lichtblauw door het rood heen, in de pits, op de auto, ook de coureurs dragen lichtblauwe overalls. Enzo Ferrari draait zich om in zijn graf. Tot hij de rekening ziet misschien.

Bij de start van de sprint komen Max en Leclerc allebei goed weg. Max beweegt naar rechts maar kan niet voor de Ferrari komen. In plaats daarvan knijpt hij Leclerc stevig af, zodat deze voor de eerste bocht weinig ruimte meer heeft en moet inbinden. Achter hen weet de verrassende Ricciardo Pérez te passeren voor de derde plek. Als de leiders door bocht 2 draaien, gaat in bocht 1 een McLaren achterstevoren: Norris. In het gedrang heeft Hamilton zich naar voren gedrukt in de binnenbocht. 'Hamilton kwam eraan als een stier!' roept Alonso over de radio. Alonso moet uitwijken en raakt Stroll, die vervolgens Norris van de baan tikt. Schade. Race over. Jammer van de upgrades. In de vijfde ronde pakt Pérez plek drie weer terug, met DRS. Daarna gebeurt er weinig meer vooraan. Het vermaak komt van het gevecht om plek acht en het laatste punt, met Magnussen. Eigenlijk is het een gevecht om plek zeven (twee punten) waar Magnussens teamgenoot Hülkenberg rijdt. K-Mag heeft, dankzij een geweldige start, een hele rits snellere auto's achter zich, waaronder Hamilton. En de Deen staat bekend als een lastig te passeren tegenstander, die waar nodig flink met de ellebogen zwaait. Zo ook vandaag. Op alle mogelijke manieren rijdt hij Hamilton in de weg. Hij steekt de chicane af of remt te laat zodat hij samen met Hamilton naast de baan terechtkomt. De wedstrijdleiding bekogelt Magnussen met tijdstraffen: vijfendertig seconden in totaal! Het kost hem zeker de achtste plek, maar omdat hij Hamilton achter zich houdt, scoort Hülkenberg als zevende twee punten. Teamwork. 'Alle straffen waren volkomen terecht,' grijnst K-Mag na afloop. Dubieus. Max wint.

Toch is Max na zijn sprintzege niet tevreden. Omdat er tussen de sprint en de kwalificatie aan de auto gewerkt mag worden, laat hij nog een paar veranderingen aanbrengen. En blijkbaar werken ze, want ook in de kwalificatie voor de Grand Prix pakt hij de pole. Zes polepositions in de eerste zes Grands Prix van een seizoen, alleen Prost deed dat eerder in 1993, in een Williams. Een Williams ontworpen door, jawel, Newey. Opnieuw staat Leclerc naast Max, gevolgd door Sainz en Pérez. Het is nog steeds Ferrari dat op Red Bull jaagt.

Als de lichten op zondag doven schiet Max weg, terwijl Leclerc welhaast lijkt vastgelijmd. Links schiet Sainz al voorbij en rechts glipt Pérez tussen de Ferrari en de pitmuur. Om Leclerc echt te passeren remt Checo laat. Erg laat. Op het vuile gedeelte van de baan glijdt de auto wild rechtdoor de bocht in, precies daar waar Max net naar rechts steekt. Op een haar na – het scheelt werkelijk een paar centimeter – ramt de ene Red Bull de andere. Bijna was Max door zijn overijverige teamgenoot uit de race getikt. Geluk. Max gaat als eerste door de bocht. Achter hem moet Sainz van het gas voor de glijdende Checo. Leclerc krijgt alle ruimte en sneakt binnendoor, gevolgd door Piastri. Max, Leclerc, Piastri, Sainz, Pérez, Norris, Hamilton, Hülkenberg. De grote dans rondom het stadion van de Miami Dolphins is begonnen. Piastri passeert ook Leclerc – heeft McLaren dan toch het betere tempo? In tegenstelling tot voorgaande races loopt Max niet echt weg van de rest. Twee, drie seconden is het gat. Piastri lijkt te kunnen volgen, maar houdt afstand omdat het rijden in de turbulentie achter Max ten koste gaat van de wegligging en dus van de banden. Dat het nog steeds niet super gaat met Max en dat hij op de limiet rijdt, blijkt in de eenentwintigste ronde, als hij de chicane mist en het plastic paaltje daar omver ramt. Er lijkt geen schade aan de auto, hij rijdt nog gewoon vooraan. Twee ronden later komt hij naar de pits voor de bandenwissel.

Piastri leidt. Leclerc en Pérez hebben al gewisseld, en wanneer ook Piastri en Sainz tegelijk de pits in komen, komt Norris op kop. Norris rijdt het langst door op de medium banden. En dan heeft hij geluk. In de achtentwintigste ronde rijden Magnussen en Sargeant tegen elkaar op in bocht 2. K-Mag wil ergens door waar geen ruimte is. Tijdstraf. De Williams tolt tegen de tecpro-barrier. Schade. Virtual safetycar. Als Norris nu stopt verliest hij relatief weinig tijd ten opzichte van Max, die immers niet meer voluit mag gaan. Het wordt zelfs een full safetycar. De afzetting moet gerepareerd. Norris komt binnen. In twee seconden vier nieuwe wielen op de wagen, en weg. Hij blijft aan kop. Als eerste rijdt hij nu achter de safetycar, de rest sluit snel aan. Vier ronden duurt het, dan gaat de safetycar de pits weer in. Norris leidt, hij bepaalt het tempo, hij mag op het gas gaan zodra hij wil. Pas vanaf de startstreep mag er weer worden ingehaald. Max kijkt. Norris versnelt in de laatste bocht voor start-finish, Max komt naar links aan de buitenkant, maar Norris neemt de eerste bocht ruim, verdedigend, zodat Max er niet langs komt. Norris, voor Max, Leclerc, Piastri, Sainz en Checo. Op zijn net wat versere harde banden weet Norris Max achter zich te houden. Iedereen wacht nu op de aanval, maar die komt niet. Integendeel, Norris loopt langzaam weg. Al snel is hij met meer dan een seconde voorsprong buiten DRS-bereik, en het loopt op, naar twee seconden, drie... Achter de koplopers knokken Piastri en Sainz om plek vier. Sainz lijkt sneller, Piastri geeft echter niet af, dwingt Sainz naast de baan in bocht 17. Even later gaat Sainz er toch voorbij. Piastri komt nog even terug in bocht 1, maar glijdt dan naast de baan. Blijkbaar heeft hij schade, want een ronde later staat hij in de pits.

Norris houdt vol. Hij loopt zelfs uit. Naar vijf seconden, zes. Natuurlijk heeft hij geluk gehad met de safetycar, nu heeft hij ook het tempo. Normaliter zou Max hem weer inhalen, maar de McLaren lijkt sneller, de upgrades werken. En Norris wint! Het is zijn eerste Grand Prix-zege. Dolblij stuurt hij zijn wagen vlak langs de pitmuur, waar zijn crew door het hek wuift. Twee handen boven de halo uit. Gegil in de cockpit. 'Dat werd tijd!' roept Norris naar het team. 'We hebben het geflikt, Will,' roept hij naar zijn race-engineer Will Joseph. 'Huil je al?' is het antwoord. 'Ik huil nooit! LandoNowins, huh?' Andere coureurs komen voorbij. Hamilton klapt. Duimen gaan omhoog. Iedereen gunt het Norris. 'Ik wist het,' praat hij voort. 'Ik zei het toch vanmorgen toen ik de pitbox binnenkwam: vandaag is een dag vol kansen. Bedankt mam, bedankt pap. Deze is voor oma.' Op het podium volgt de klassieke slag met de champagnefles op de grond, waarna het vocht rijkelijk door de lucht spuit. Op de persconferentie achteraf vertelt Norris dat hij er steeds in heeft geloofd, ook toen hij op plaats zes reed: 'Ik kon Max nog zien. En zolang je Max ziet, is er hoop. Het gebeurt niet zo vaak dat je Max blijft zien op de baan.' Hij is blij voor het team, dat hij het eindelijk heeft waargemaakt: 'Ik heb de laatste vijf jaar heel wat fouten gemaakt, maar vandaag klopte alles. De strategie was perfect. Dus dit is voor het team. Ik ben bij McLaren gebleven, want ik geloofde in ze. Vandaag is het bewijs.' Max is gelaten. 'Je wint, je verliest. Dat hoort erbij, toch?' Hij is zeer goed bevriend met Norris en gunt het hem. 'Hij verdient het. Het heeft even geduurd, maar het zal zeker niet zijn laatste zege zijn. Wij hadden het lastig vandaag. Op een slechte dag vind ik P2 ook goed.'

Stand:

Verstappen	136
Pérez	101

*

Je eerste Grand Prix-zege is de belangrijkste uit je carrière, aldus Alain Prost. Vanaf dat moment weet je dat je het kunt, en doe je voortaan alleen nog mee om te winnen. Voor weinigen gaat Prosts wijsheid meer op dan voor Lando Norris. Al een paar jaar is hij dicht bij de top, maar steeds weer waren er foutjes, en steeds weer zag je de onzekerheid door alles heen. Onzekerheid? Bij die jongen die alles mee lijkt te hebben? Die boyband-look, jong en bruisend, die van die leuke sociale-mediaclipjes maakte, een ster op Netflix en altijd een lach op zijn gezicht? Norris is de meest knuffelbare van alle Formule 1-coureurs en hij is ook nog eens supersnel. In de ogen van zijn critici vergooide hij echter te veel kansen op een zege. Op de sociale media verscheen de hashtag #LandoNowins. Natuurlijk zei hij dat hij zich daar niets van aantrok. In 2021 was Norris het dichtst bij een eerste zege, in Sotsji, Rusland. Vanaf pole (zijn eerste) domineerde hij de race. Tot een wolkbreuk de race op zijn kop zette. Te lang aarzelden team en coureur om banden te wisselen. Uiteindelijk bleek doorrijden toch de verkeerde keuze en glibberde Norris kansloos van de baan. Niet veel later vertelde hij in de media over zijn onzekerheid, vooral uit de begintijd. De weg naar de Formule 1 was eenzaam geweest, hij had geen gewone pubertijd, miste de lol, de vrienden. En omgekeerd begreep bijna niemand waar hij mee bezig was. 'Mensen begrijpen niets van wat er aan de Formule 1 voorafgaat,' vertelde hij in een interview. En eenmaal in de Formule 1 was de druk bijna te groot, want wat als hij faalde en uit het team werd gezet? Wat moest hij dan nog met zijn leven? Hij kreeg er buikpijn van. Een mental coach hielp hem hiermee om te gaan, anders te denken. Zijn openheid hierover werd overal gewaardeerd. Hij werd alleen nog maar knuffelbaarder. Wie wil niet zijn zoals Lando? Strijden tegen je onzekerheden en ze te boven komen. Norris heeft een enorme hoeveelheid fans, wereldwijd. Misschien wel meer dan Max. Men herkent zich waarschijnlijk graag in hem.

Bekendheid is echter niet alleen leuk. Paperazzi, vertelde hij in hetzelfde interview met de Britse *Telegraph*, worden getipt wanneer hij ergens in een McDonald's eet, en de volgende dag kan hij dan lezen dat hij een affaire heeft met een fotomodel dat bij hem aan tafel zat. 'Je moet ook steeds uitkijken met wat je zegt, want voor je het weet word je gecanceld. Dat ik commentaar had op Trump, toen hij onze pitbox bezocht in Miami, werd me bepaald niet in dank afgenomen. Al die nonsens op sociale media is echt een probleem. Ik zou veel vrijer willen zijn, zoals Max. Me minder zorgen maken over wat mensen van me denken. Sommige mensen vinden je leuk, anderen helemaal niet, dat is nu eenmaal zo.' Inmiddels geniet hij meer en makkelijker van het reizen en de vele mensen die hij tegenkomt. Al neemt hij nog vaak vrienden uit zijn karttijd mee naar races. 'Ik betaal dat voor ze, ja. Ik wil dan gewoon gezellig met vrienden zijn, een beetje golfen en lachen.'

In Miami verscheen hij met een grote pleister op zijn neus. Geen 'Barrichello-pleister' voor extra zuurstof, maar een pleister op een snijwond, opgelopen tijdens een boottocht in Amsterdam. Op Koningsdag was Norris met dj Martin Garrix in Amsterdam om het feest mee te vieren. Ergens onderweg gebeurde een ongelukje. Beelden van de gehavende Formule 1-coureur op de partyboot circuleerden op de sociale kanalen. Na de zege in Miami is er ook een feest. Norris verzekert echter dat hij geen tweede James Hunt zal worden: 'Nee joh, we krijgen iedere week een drugstest.' De eerste zege is binnen, het zal hem ongetwijfeld meer vertrouwen geven. Hij had de snelheid, de juiste strategie, en de koelbloedigheid in de slotfase. Het gelukje met de safetycar is precies dat ene zetje geweest dat hij even nodig had.

7
Grand Prix van Emilia Romagna

Autodromo Internazionale Enzo e Dino Ferrari – 19 mei 2024

Ik stond in de kamer. Ergens tussen de bank en de televisie. Opzij zat mijn vrouw met ons kind van vijf maanden oud op schoot. Ik kon niet meer zitten. Het hele weekend was al vol onheil. Vrijdag Barrichello in de hekken. Zaterdag Ratzenberger. Dood. Oude littekens lieten zich voelen. Bij de start was het opnieuw chaos en ellende, een vreselijke botsing, de stukken vlogen in het rond. 'Hou er toch mee op!' zei ik nog en nu dit. Senna. Je zag het meteen. Je wíst het. Het gaat nooit over. Er ging een kleine schok door de gele helm. 'Hij beweegt nog,' riep ik. Tegen beter weten in.

Dertig jaar later, in mei, is de Formule 1 weer op Imola. In de Tamburellobocht ligt nu een chicane. Op vrijdag, na alle trainingen, staat het hele circus stil bij de twee omgekomen coureurs. Ayrton Senna, en een beetje in zijn schaduw, maar nooit vergeten, Roland Ratzenberger. De een driemaal wereldkampioen, immer omstreden en bij leven al een legende, de ander een sympathieke ploeteraar, bezig aan zijn derde Grand Prix-weekend. Om 18:00 vertrekt er een grote stoet naar de Tamburellobocht. In Senna-gele T-shirts en allemaal met een RR-polsbandje om. Alle Formule 1-coureurs zijn er, allerlei teamleden, alsook Formule 2- en 3-coureurs. Velen waren nog niet eens geboren, dertig jaar terug. Maar Senna is altijd aanwezig in de Formule 1. Iedereen weet wie hij is, waar hij voor staat. Aan de binnenkant van de bocht, schuin tegenover de plek waar de Williams in de muur sloeg, staat een monument voor Senna. Het is een beeld van de coureur, gezeten op een muurtje, hoofd omlaag. Overal om hem heen hangen vlaggen en foto's aan het hek, papiertjes, in bomen en struiken ook, met een paar regels, kreten, veel 'sempre', de keer dat ik er was lag er zelfs een heel boek. Sebastian Vettel, die de herdenking leidt, houdt een toespraakje. Het begint te regenen. Een paar honderd meter verder in de Villeneuvebocht staat iedereen ook stil bij Ratzenberger. Het regent opnieuw.

De volgende dag scheuren de auto's weer langs. The show must go on. Newey heeft zich laten ontvallen dat hij toch niet met pensioen gaat. Iedereen is overtuigd: hij gaat naar Ferrari, kan niet missen. Ze zijn al in gesprek. Max heeft eerder laten weten dat hij liever had gezien dat Newey bleef. Het kan echt niet door het aangekondigde vertrek van de ontwerper komen, maar toch: op vrijdag is de balans in de auto helemaal zoek. Er is weinig grip. Diverse malen schuift Max naast de baan, in de Acque Minerali en in de Variante Alta. Met een spectaculaire drift vol tegenstuur behoedt hij de wagen voor een klap tegen de afzetting. Na zo'n dag vol problemen moet de thuisbasis flink aan de slag. De hele nacht door zijn de ingenieurs in de simulator bezig, op zoek naar een betere set-up. Sebastian Buemi (viervoudig winnaar van de 24 uur van Le Mans en Formule E-kampioen) aan het stuur. Eindeloos uitproberen: wat voelt beter, wat is sneller? Ook Alonso heeft het zwaar. De upgrades van Aston Martin werken averechts, de auto is moeilijk te besturen, in Rivazza vliegt Alonso van de baan. Flinke schade. McLaren heeft na de zege in Miami de gang erin. In FP3 zijn Norris en Piastri een en twee. Gevolgd door de twee Ferrari's. Max is zesde. Tussen de vrije training en de kwalificatie wordt er nog iets aan de auto veranderd. En dat werkt. Ineens staat Max weer bovenaan, in alle sessies. In de slotseconden van Q3 jagen de McLarens op zijn tijd, maar blijven steken op negen en zeven honderdste. Piastri voor Norris. Max is blij, bejubelt de pole bijna als een overwinning. Piastri moet drie plaatsen terug, omdat hij K-Mag heeft gehinderd in de Tamburello-chicane.

In de nacht naar zondag is Max nog bezig met racen. Hij maakt deel uit van het simraceteam Team Redline, en dit weekend is de 24 uur van de Nürburgring. Speciaal daarvoor heeft hij een simulator laten maken die hij mee kan nemen naar de Formule 1-races in Europa. Ook in de vroege ochtend doet Max nog een stint op de virtuele Nordschleife. Het is zijn eigen, vrije tijd, vindt hij. Voor hem is het 'fun', ontspanning. Daarna is het snel naar Imola, voor het echte werk. Kort voor de start, Max zit al in de Red Bull, gaat Team Redline zegevierend over de virtuele finishlijn.

Naast elkaar gaan Max en Norris even later op weg voor drieënzestig echte ronden over Imola. Max voorop aan de binnenkant richting Tamburello. Norris aan de buitenzijde. Norris krijgt nog even Leclerc naast zich, maar voor de chicane moet Leclerc aan de binnenzijde eerder remmen en Norris voor laten gaan. Max, Norris, Leclerc, Piastri, Russell, Hamilton, Hülkenberg, Tsunoda, Pérez,

Ricciardo, Ocon, Stroll, Albon, Gasly, Magnussen, Bottas, Zhou, Sargeant en Alonso – zo zwiert het veld verder door de Villeneuvebocht, door Tosa, omhoog naar de Piratella, en dan door Acque Minerali. Een lekker oldskool circuit, waar de bochten nog namen hebben en de grindbakken daarbuiten geduldig wachten op de coureurs die een fout maken en van de baan glijden. Pérez gaat in Rivazza door het grind, Hamilton in Acque Minerali. Ze stuiteren over de steentjes, erop beducht niet vast te raken; het kost ze tijd en mogelijk is er schade. Een auto vol steentjes is bovendien ook niet fijn. Max, voor Norris en de twee Ferrari's. Iedereen let nu vooral op zijn banden. Je wilt zo lang mogelijk doorrijden op de mediums en dan één keer stoppen voor hard. Langzaam loopt Max weg: twee, drie, vijf seconden. Norris is de eerste van de leiders die stopt. Piastri een ronde later. Max en Leclerc volgen. Even rijdt Sainz op kop. Als ook hij zijn pitstop heeft gemaakt is de orde hersteld.

Max voor Norris en Leclerc. Kan Norris net als in Miami sneller op de harde band? Het lijkt er niet op. Leclerc komt dichterbij. 'Waarom zijn zij sneller?' vraagt Norris over de boordradio. 'Zij vergen meer van hun banden,' is het geruststellende antwoord. Kort daarop moet Norris wat switches op het stuur omzetten en dan begint de voorsprong van Max te slinken. Het was 7,4 seconden in de vierenveertigste ronde, een ronde later is het 6,3, ruim een seconde eraf. Nog negentien ronden te gaan. Leclerc, die poogt te volgen, gaat rechtdoor over het gras in de Variante Alta, de chicane waar hij zich twee jaar terug ook al vergaloppeerde. Het was destijds de eerste kras op zijn titelaspiraties. Norris nadert Max. Soms met vier tienden, soms met zeven tienden per ronde. 'We verliezen op Lando in bocht 2 en 6,' meldt Max' race-engineer Gianpiero Lambiase via de radio. 'Ja, mijn banden werken niet, vriend!' antwoordt Max. 'Ik zei het ter informatie, Max.' 'Ja, ik ook.' In de hitte van de strijd.

Norris zet alles op alles, boendert met de auto over de kerbs, hij is sneller. Weer negen tienden eraf, nog negen ronden. En Max moet voorzichtig zijn, hij heeft al eerder de zwart-witte vlag gehad, als waarschuwing: te vaak heeft hij de track limits overschreden; nog één keer en hij krijgt een vijfsecondenstraf. Norris rijdt intussen binnen die vijf seconden en veegt nog maar eens vol over de kerbs bij het uitkomen van Villeneuve. Kan hij Max nog aanvallen? Nog vijf ronden. Norris komt nu in de vuile lucht, de turbulentie achter de Red Bull. Dan werkt je eigen aerodynamica minder goed, wordt de auto instabieler, is het lastiger. Nog drie ronden. Als Norris binnen een seconde kan komen, kan hij DRS gebruiken. Op de meet voor de laatste ronde is het 1,017 seconden, Max redt het, als hij nergens meer een fout maakt. Door de Variante Alta, de duik omlaag naar Rivazza, over de kerbs, tweemaal links. Max gaat het redden. Norris nu op zeven tienden, maar er komt geen DRS-zone meer. Achter elkaar flitsen ze over start-finish; Max wint, voor Norris.

'Max is in het begin te ver uitgelopen,' treurt Norris na afloop. 'Ik kwam een of twee rondjes tekort, heel jammer.' Max is superblij. 'Zeker als je ziet waar we vrijdag stonden. We hebben heel veel aan de auto veranderd. Ik moest de hele race voluit gaan. Van de harde band hadden we eigenlijk te weinig informatie. De laatste tien, vijftien ronden werkten ze niet meer. Ik had geen grip meer, maar moest toch voluit. En ik kon me geen fout meer veroorloven.' Vijf zeges uit zeven races, toch is Horner er niet gerust op: 'Het is nog een lang seizoen. McLaren heeft duidelijk een stap vooruitgezet. Het is logisch dat de teams na twee, drie jaar met dezelfde regels dichter bij elkaar zitten. Er zullen wel meer races komen waar de verschillen minimaal zijn.'

Stand:

Verstappen	161
Leclerc	113

*

Waar Senna voor staat? Voor onversneden snelheid, het rauwe Formule 1-gevoel en vooral de absolute wil om te winnen. De *drive*, die alle coureurs bezielt. Bekijk maar eens een clipje van Senna in Monaco, hoe hij door de straten dendert, langs de vangrails scheert, zo wil je door Monaco scheuren, het is van een weergaloze virtuositeit. Niet voor niets won hij die Grand Prix zesmaal. In de kwalificatie van 1988 ging hij zo snel, zo in één flow, dat het voor hem voelde alsof hij door een tunnel raasde, op de drempel van een ander soort bewustzijn, een andere dimensie. Toen hij dat besefte liet hij snel het gas los. Want winnen doe je op aarde. Winnen. Senna moest winnen. Altijd. Eenmaal aan de top kon hij het niet verkroppen dat iemand anders won. Daar werd hij weleens onverstandig van. Zie de vele aanvaringen met Nigel Mansell, zie de eerste bocht op Suzuka in 1990, waar hij zijn aartsrivaal Prost meedogenloos van baan roste en zo de wereldtitel veiligstelde. Prost, altijd Prost. Ze haalden seizoenen lang het beste en het slechtste in elkaar naar boven. Op en naast de baan, alles werd eraan gedaan om te winnen; nee beter: om de ander te verslaan. Te vernietigen. Ja, zo erg was het. Nooit meer is er zo'n tweestrijd geweest, hoewel... Max versus Hamilton in 2021 leek er verdacht veel op. Zo erg was het dus. Senna lag daarom altijd overhoop met de autoriteiten, het establishment. Hij was lange tijd *the bad guy*. Beroemd is zijn ruzie met Jackie Stewart, kampioen uit een ander tijdperk, die hem verweet dat hij bij te veel crashes betrokken was. 'Als je niet in een gaatje springt, dan ben je niet langer een autocoureur,' vond Senna. Liever het risico van een crash dan verliezen. Met de koolstofvezelauto's kon dat. Ecclestones mediacircus rees met Senna en Prost als hoofdrolspelers de pan uit. De druk was hoog. Senna racete voor Brazilië, de hele natie hijgde hem in de nek. Soms krijg je bij Max dat gevoel ook, al heeft hij er zelf geen last van. Senna wel. Altijd de Braziliaanse vlag in de ereronde. Brazilië lag hem na aan het hart. Hij gaf ook veel aan goede doelen, aan de armsten. Daarom ook zijn obsessie met de Grand Prix aldaar, die móést hij winnen. In 1991 lukte het eindelijk – de laatste ronden met een kapotte versnellingsbak, alles in zijn zes, totaal verkrampt en gillend van pijn kwam hij over de finish, hij moest uit de auto getild worden. Racen was alles. Hij onthield ook alles. Van elke ronde, de snelheid in iedere bocht, de toeren, de temperatuur van de banden, de remmen, de krachten op de verschillende wielen. Het gevoel voor een racewagen. Hij wist precies wanneer hij ergens twee tienden had laten liggen, dan ging hij nog eens de baan op om ze op te rapen. Twee tienden, precies. En vergeet niet zijn mystieke kant. God. God gaf hem de kracht om dit allemaal te doen. Op weg naar zijn eerste wereldtitel rees een visioen met Jezus Christus boven start-finish voor hem op. Het zou me niets verbazen wanneer hij nog eens heilig wordt verklaard. Natuurlijk was Senna ook gewoon een mens. Maar die ongelofelijke wil om te winnen. Dreef hem ver. Uiteindelijk ook te ver. In 1994 werd hij keer op keer verslagen door new kid on the block Michael Schumacher, die in veel dingen erg op hem leek. Onder andere die vaste overtuiging dat juist híj de snelste was. Dat kon niet, dat mocht niet. De tot voor kort onverslaanbare Williams echter was zonder elektronica veranderd in een hok en Senna probeerde misschien dingen met deze auto die op dat moment niet konden. Het seizoen was nog lang, maar hij kon niet wachten tot de onvolkomenheden er door Newey uitgestreken waren. Hij moest vooraan rijden, koste wat het kost…

8

Grand Prix van Monaco

Circuit de Monaco – 26 mei 2024

'Ik spring als een kangoeroe!' klinkt het vanuit de cockpit. 'Ik krijg er koppijn van. Dit is waanzin!' Net als in Imola begint het weekend in Monaco slecht voor Max. In de vrije trainingen raakt hij een paar maal met de banden de muur. Over alle hobbels, kerbstones en door de vele veranderingen van camber heeft de auto het lastig. Voor de tweede keer op rij is de Red Bull – tot voor kort een genot om mee te rijden – lastig te besturen. En blijkbaar levert het nachtwerk in de simulator dit keer geen oplossing. Ook in de derde vrije training loopt het niet. 'Ik weet waar ik tijd kan winnen,' bromt Max tegen Gianpiero, 'maar dat gaat niet. We weten waarom.' Hij rijdt alsnog een tweede tijd. 'Als ik nog meer van dit soort ronden moet rijden, eindig ik in de hekken…' In Monaco moet je lekker in je vel en vooral in je auto zitten. Alles draait om ritme, dat je door het weekend heen opbouwt. Je laat de vangrails steeds wat dichterbij komen, steeds ietsje later op de rem, steeds wat harder ga je over de kerbs. De baan krijgt meer rubber, sneller en sneller gaat het. Het belangrijkste moment is de kwalificatie op zaterdagmiddag. Dan moet je, wil je kans maken op de zege zondag, poleposition pakken. Dan heb je, zoals Niki Lauda zei, even een extra portie waanzin nodig. Ga je voor die tijd echter één keer in de fout en sla je tegen de vangrails, dan is het ritme in één klap verdwenen.

Leclerc zit er goed in. Vijfde in de eerste vrije training – even wennen, daarna voert hij de tijdenlijst voortdurend aan. Hij is gebrand op een goed resultaat hier, en dat is alleen de zege. Iedereen wil dolgraag de klassieker in Monaco winnen, maar voor Leclerc is het zijn thuis-Grand Prix, dus wil hij hier dubbel graag winnen. Tweemaal was hij er dichtbij. Tweemaal had hij pech. Nou ja, pech… In 2021 pakte hij pole, maar crashte hij ook aan het slot van de kwalificatie. Niet handig. Volgens het team werd de auto grondig gerepareerd, maar op weg naar de startgrid, knapte een aandrijfas – Leclerc kon de race vergeten. Ook in 2022 pakte hij pole, leidde de race in de regen, tot Ferrari blunderde met de pitstops en hij terugviel tot plaats vier. Vorig jaar hobbelde hij mee in het soepie achter Max. Dit jaar heeft hij het ritme weer te pakken. En als Max niet thuis geeft, ruikt hij zijn kans. In de kwalificatie is Leclerc opnieuw snel. In de eerste twee sessies mogen Mercedes en McLaren de snelste tijd neerzetten, in de finale, Q3, drukt de Ferrari-coureur onmiskenbaar zijn stempel op het weekend. Niemand komt aan zijn tijd. Bij een allerlaatste poging raakt Max in Ste. Dévote de vangrail, niet al te hard, de snelle ronde is echter naar de maan. Hij zal morgen als zesde vertrekken. Zesde! Wat is er aan de hand? 'We zijn ontmaskerd,' stelt Max. 'Over al die hobbels en kerbs doet onze wagen het niet goed, net zoals in Singapore vorig jaar. Dat was altijd al zo, maar door onze snelheid bleef dat verborgen. Nu de anderen dichterbij komen, worden we ingehaald. Iedereen kan gewoon over die kerbs raggen, terwijl ik eromheen moet rijden. Het is een zwak punt in de auto. En als je dat niet aanpakt...' Piastri zal morgen naast Leclerc op de eerste startrij staan. McLaren heeft voor de race een speciaal Senna-livery: het geel, groen en blauw van de Braziliaanse vlag, om de ware koning van Monaco te herdenken. Sainz start als derde. Hij zegt er alles aan te zullen doen om Leclerc aan de zege te helpen. Teamspirit.

Op zondagmiddag doet Leclerc precies wat hij moet doen: hij rijdt het snelste weg. Als eerste duikt hij door de bocht van Ste. Dévote. Daar op de hoek stond hij als kind te wachten op de bus naar school. In het jaarlijkse gedrang achter hem doet Sainz daadwerkelijk zijn best hem te helpen. Hij pikt de binnenkant van Piastri. Zij aan zij gaan ze door de nauwe bocht. Piastri wijkt niet. Het past net. Of eigenlijk niet. Touché. Met zijn linkervoorwiel raakt Sainz de McLaren in de zij. Piastri blijft voorop. Sainz verliest onmiddellijk snelheid: schade, lekke band. Hij slaagt er nog in de klim naar het Casino te maken, daar schuift hij rechtuit, voorbij het zebrapad de hoek in. Piastri gaat onmiddellijk achter Leclerc aan. In Loews zit hij al onder de vleugel van de Ferrari, door Portiers en dan de tunnel in. Daar bereiken de auto's de hoogste snelheid: achtste versnelling, 280, 295 per uur. Piastri lijkt iets van plan bij het uitkomen van de tunnel, hij dreigt, maar Leclerc gaat als eerste door de chicane. Dan zijn er ineens overal rode vlaggen. Race afgebroken.

Achter het duw- en trekwerk van Sainz en Piastri heeft zich een enorme crash voltrokken. Drie auto's staan kort gereden stil op de klim naar het Casino: de twee Hazen (die wegens een onreglementaire achtervleugel achteraan moesten starten) en de Red Bull van Pérez. De herhaling laat zien wat er gebeurd is. K-Mag, ja hij weer, heeft een prima start. In Ste. Dévote pikt hij de binnenkant van zijn teamgenoot Hülkenberg. Natuurlijk geeft de Hulk zijn teammaat hierbij genoeg ruimte. Gesterkt door deze geslaagde manoeuvre, probeert Magnussen ook het gaatje rechts van Pérez, die slecht is weggekomen. Hij propt de neus van zijn wagen tussen de Red Bull en de vangrail. Riskant. Al te riskant. De baan wordt smaller, er zit een kink in het rechte stuk omhoog, Pérez ziet K-Mag niet, de Haas raakt de vangrail, bijt onmiddellijk naar links en schept de Red Bull, die meteen honderdtachtig graden draait en met de linkerflank vol tegen de vangrail kleunt. Alles bij tempo 200. Er zitten daar gaten in het hek voor fotografen (ik heb er zelf ooit gestaan, marshals tikken op de vangrail als je te ver naar buiten leunt, we zien nu waarom) – ze moeten duiken voor hun leven. De Red Bull kaatst terug de baan op, slaat aan de overzijde nog eens tegen de vangrails en neemt daarbij Hülkenberg mee. De baan ligt bezaaid met carbonfiberstukken. De Hazen staan met de neuzen tegen elkaar. Van de Red Bull van Pérez is bijna niets meer over. Alleen de overlevingscel, min of meer de cockpit, staat midden op de weg. De vleugels zijn verdwenen, de linkerkant van de wagen is geheel weggereten, alleen het wiel rechtsachter zit nog normaal aan de wagen vast, een van de voorwielen zit onder de neus. 'Zo onnodig...' zucht Hülkenberg over de radio. De drie coureurs zijn inmiddels uitgestapt. Pérez en Magnussen geven elkaar de schuld. De wedstrijdleiding ziet het achteraf als een 'racing incident' – geen van beiden is de hoofdschuldige, dit soort dingen kunnen nu eenmaal gebeuren in het gedrang kort na de start. K-Mag komt hiermee goed weg, want hij heeft na Miami al tien strafpunten op zijn rijbewijs – bij twaalf (binnen één kalenderjaar) wordt hij geschorst. Er is nog meer gebeurd: bij Portiers heeft Ocon geprobeerd om zijn teamgenoot Gasly binnendoor te passeren. Hij is daarbij over het voorwiel van Gasly gestuiterd en moet opgeven. Gasly is woest. Na het weekend gaan we dit bespreken, laat het team weten.

In de pits staan de overgebleven coureurs stil. Bijna iedereen wisselt banden. De koplopers, op medium gestart, kunnen nu zonder tijdverlies naar de harde band, waarop ze de race kunnen uitrijden. Coureurs die op hard zijn gestart, zoals Max, hebben pech: ze kunnen wel naar de mediums gaan, maar daarmee halen ze het einde van de race niet. Als ze op de harde band blijven moeten ze tijdens de race toch nog een keer naar binnen, want iedereen is verplicht minimaal twee soorten rubber te gebruiken. Ik zeg al jaren dat deze regel (vrij banden wisselen bij code rood) afgeschaft moet worden; het heeft een veel te grote invloed op het verloop van de wedstrijd. Er volgt opnieuw een staande start, met de lichten. Tot ieders verrassing mag Sainz weer van plaats drie vertrekken. De volgorde bij de herstart wordt bepaald door het laatste duidelijke meetpunt voordat de rode vlag uit gaat, en dat lag volgens de wedstrijdleiding net na het uitkomen van Ste. Dévote, daarna was het chaos.

Bij de herstart komt iedereen ongeschonden weg. Leclerc voor Piastri, Sainz, Norris, Russell, Max. Daarna is het gif uit de wedstrijd. Achtenzeventig ronden volle concentratie. Het is Monaco, de vlam kan zo weer in de pan slaan, maar vandaag niet. Niemand valt nog aan. Inhalen in Monaco is goed beschouwd onmogelijk. De moderne hybride auto's zijn te groot geworden. Iedereen houdt de auto en de banden heel. 'Dit is geen racen,' klaagt Max. Het zal Leclerc een zorg zijn. Halverwege de race vraagt hij of het team wil weten hoeveel marge hij nog over heeft. 'Nee Charles, daarin zijn we niet geïnteresseerd.' 'Zeg je nu nee?' 'We hoeven het niet te weten.' 'Gemeen hoor...' Bottas passeert Sargeant met een klassieke uitremactie in Mirabeau. Stroll, op nieuwe banden, haalt Sargeant en Bottas in. Sargeant passeert Zhou. Alles om de laatste vier plaatsen. Leclerc gaat op de zege af. In de cockpit beginnen de emoties op te lopen. Hier heeft hij altijd van gedroomd: zijn thuisrace winnen, in een Ferrari. Hij denkt aan zijn vader, zijn broers, zijn vrienden, aan Jules. In de laatste ronden komen de tranen in zijn ogen, hij spreekt zichzelf toe: 'Nee Charles, dat kun je nu niet maken. Opletten!' Hij wint. De laatste keer dat een Monegask de Grand Prix in Monaco won was in 1931; Louis Chiron won destijds na honderd ronden, dik drieënhalf uur racen, op nagenoeg hetzelfde circuit. Ook Prins Albert is verguld met de thuiszege en doet op het podium in de prinselijke loge volop mee aan het spuiten met de champagne. Max eindigt als zesde, nog steeds in de mopperstand: 'Ik moest al na twintig ronden piesen, dat was het lastigste vandaag.'

Stand:	
Verstappen	169
Leclerc	138

*

'Het is de race die maakte dat ik Formule 1-coureur wilde worden,' vertelt Leclerc in de vele interviews rondom de race in Monaco. Hij groeide op in de wijk Condamine, een paar straten achter de prinselijke loge. Daar waar de echte Monegasken wonen, niet de import-miljonairs. Zijn moeizame weg naar de top is er een vol emoties. Vreugde en verdriet gaan voortdurend samen. Leclerc is geboren op 16 oktober 1997, hij is ruim twee weken jonger dan Max. Zijn vader Hervé schopte het in de jaren tachtig tot Formule 3-coureur, maar zag dat hij nooit verder zou komen en wijdde zich aan verstandigere dingen. Als vierjarig jochie ziet Charles, vanaf een balkon van vrienden, voor het eerst de Grand Prix in Monaco. Vanaf die dag wil hij coureur worden. In hetzelfde jaar zit hij al op een kart, op de kartbaan van de bevriende familie Bianchi. Niet alleen zijn vader, iedereen ziet dat hij talent te over heeft. Wanneer het karten serieus wordt, stuit Leclerc met enige regelmaat letterlijk en figuurlijk op Max. Er zijn mooie YouTube-clipjes van. Ze haatten elkaar destijds. Nu ze allebei in de Formule 1 zitten, kunnen ze erom lachen. Max belandde met twee sprongen van de karts in de Formule 1, Leclerc doorliep een langere route.

Hij begint in de Formule Renault. Voor het eerst slaat dan het noodlot toe. In dat jaar, 2014, crasht zijn vriend, mentor en peetoom Jules Bianchi in de Formule 1 op Suzuka. In de regen vliegt hij van de baan en slaat onder een takelwagen die juist een andere auto wegsleept. Zijn hersenletsel is zo zwaar dat hij negen maanden later overlijdt. Sindsdien zijn de veiligheidsmaatregelen rondom het opruimen van gestrande auto's veel strikter. Leclerc volgt daarna het spoor van Bianchi. Formule 3, GP3, Formule 2, en wordt, net als Bianchi, opgenomen in de Ferrari Driver Academy. Midden in die opmars slaat opnieuw het noodlot toe. Als hij op weg is om Formule 2-kampioen te worden, overlijdt zijn vader. Kort voor zijn vaders dood vertelt Leclerc hem dat hij in 2018 in de Formule 1 zal rijden. Het contract met Sauber is nog niet rond, maar hij wil zijn vader iets moois meegeven. En natuurlijk komt het goed. In 2018 debuteert hij bij Alfa Romeo-Sauber. Teamgenoot Marcus Ericsson wordt op alle fronten zodanig verslagen dat Ferrari Leclerc in 2019 als vervanger van de uitgebluste Kimi Räikkönen opneemt in het team. Al in zijn tweede Grand Prix voor de Scuderia pakt hij de pole, domineert de race en wint bijna – motorpech werpt hem terug. Zijn teamgenoot, viervoudig wereldkampioen Vettel, heeft regelmatig het nakijken. En voor de derde keer slaat het noodlot toe. In Spa verongelukt Leclercs vriend Anthoine Hubert in de Formule 2-race. De volgende dag wint Leclerc zijn eerste Grand Prix. Een emotionele zege. Een week later triomfeert hij ook op Monza. Nadat Ferrari wordt betrapt op gesjoemel met de benzinetoevoer volgen moeizame jaren. In 2022 gaat het weer beter. Leclerc ontpopt zich als een geweldige *qualifier* en wordt de belangrijkste uitdager van Max. In Oostenrijk verslaat hij Max na een zinderend duel. Omdat hij in veel races boven zijn macht moet grijpen, maakt hij echter fouten. En als ook het team een paar maal blundert, blijft er van de titelaspiraties uiteindelijk weinig over. Daarna lijkt het of Leclerc een beetje verbleekt, maar Max en Red Bull zijn in 2023 gewoon veel te snel. Zijn zege in Monaco is de eerste sinds die gedenkwaardige in Oostenrijk. Leclerc is terug. En dan nog wel thuis in Monaco. 'Winnen in Monaco was altijd mijn hoogste doel,' zegt hij in een van de interviews. 'En het wereldkampioenschap natuurlijk,' zegt hij er snel achteraan. Kan het nog? Het seizoen is nog lang.

9

Grand Prix van Canada

Circuit Gilles-Villeneuve – 9 juni 2024

Kort na de race in Monaco maakt Alpine bekend dat Ocon na 2024 niet meer voor hen uitkomt. Straf voor de botsing met zijn teamgenoot in Portiers? Teambaas Bruno Famin zegt van niet, de gesprekken waren al lang gaande. Gesprekken zijn altijd gaande. Ocon heeft te vaak akkefietjes met zijn teamgenoten. Komt het misschien voort uit frustratie, omdat de eenmalige Grand Prix-winnaar (hij won de chaotische regenrace in Hongarije 2021) maar niet doorbreekt naar de top? Welk team wil hem nu nog hebben? Haas misschien? Naast Magnussen? Explosiever wordt het niet. En het lege zitje bij Alpine, is dat niks voor Sainz? Hij weet het nog niet. Gesprekken zijn gaande. Meer en meer lijkt Sainz tussen wal en schip te vallen. Ook Williams begint inmiddels met hem te flirten. Silly season. Bij Red Bull vallen beslissingen. Tsunoda blijft bij Visa Cash App Racing Bull. Tot ieders verbazing tekent ook Pérez voor twee jaar bij. Ieder jaar staat hij ter discussie, halverwege vorig jaar leek zijn vertrek zelfs aanstaande. Ook dit jaar rommelt het voortdurend rond Pérez. Tot en met 2026 is hij echter de man naast Max. Volgens Max is het de beste optie voor het team.

Net als in de drie voorgaande races komt Red Bull in Canada maar moeizaam op gang. Op de verregende vrijdag komt Max tot weinig ronden, door problemen met de motor, die moet worden gewisseld. De Mercedessen zijn snel. In de droge, derde vrije training voert Hamilton de lijst aan. De kwalificatie geeft hetzelfde beeld: Pérez blijft zelfs steken in Q1 – fijn, als je net hebt bijgetekend. Halverwege Q3 staat Mercedes een en twee. Zoals steeds dit seizoen is Russell sneller dan Hamilton, met een tijd van 1.12,000. In de slotseconden van Q3 jagen de McLarens op zijn tijd; ze komen een paar honderdsten te kort. Max is de laatste. Lukt het nu wel? Hij is sneller in de eerste sector, van het circuit, ietsje langzamer in het tweede deel, en als hij over de finish komt klokt hij precies 1.12,000. Exact dezelfde tijd als Russell! Omdat Russell de tijd eerder neerzette, staat hij op pole. Het roept mooie herinneringen op. Ooit reden wel drie coureurs dezelfde snelste tijd: Michael Schumacher, Jacques Villeneuve en Heinz Harald Frentzen in Jerez 1997, de laatste race van het jaar, die besliste over het wereldkampioenschap.

Op zondag voor de race hoost het. De wedstrijdleiding verklaart de race tot een 'wet' race, iedereen moet starten op regenbanden. De voorspelling is dat het snel droog wordt, dus bijna alle teams kiezen voor de intermediate-banden. De banden hebben weinig profiel, voeren het water af, maar kunnen ook als het wat droger wordt een tijdje mee en bieden dan veel grip. Alleen Haas kiest voor de 'full-wet'-banden. Deze banden hebben veel profiel, voeren heel veel water af en hebben dus wat meer grip als het echt heel nat is. Zodra het droger wordt, slijten ze echter snel. De coureurs vinden deze band, met de blauwe zijkant, maar niks. Meteen na de start, als de rest door de spray en de plassen glibbert, hebben Magnussen en Hülkenberg volop plezier van hun full wets. Magnussen rolt in de eerste ronde maar liefst zes tegenstanders op: de beide Williams, twee Ferrari's, Tsunoda en Stroll. In de volgende ronde zijn Ricciardo en Hamilton aan de beurt en voor de chicane remt hij met veel meer grip op het natte asfalt eenvoudig Alonso uit. Sensatie! Het plenst en Haas is *on the move*. Hoe ver gaat K-Mag komen? In de derde ronde is Piastri de volgende. In de hairpin kan K-Mag de binnenkant houden en beter uit de bocht weg accelereren: hij lig nu vierde. En achter hem duikt Hülkenberg al op. Maar de regen wordt minder. Na een tijdje houdt het op en breekt de zon zelfs even door. Op slag zijn de full wets waardeloos. In de achtste ronde is het gedaan met de glorie: K-Mag komt binnen om intermediates te laten monteren. De stop gaat rommelig, Magnussen valt terug tot plaats veertien, de plek waarvan hij vertrok.

Russell leidt, voor Max en Norris. Wanneer de baan nog meer opdroogt en er een duidelijke droge racelijn ontstaat, krijgt Norris vleugels. Bijna een seconde per ronde is hij sneller dan de twee voor hem, en in de twintigste ronde gaat hij Max voorbij. Op het lange rechte stuk voor de chicane plant hij de McLaren, geholpen door DRS, voor de Red Bull. Een ronde later doet hij hetzelfde met Russell. Russell lijkt achter de McLaren wat neerwaartse druk te verliezen en schuift in de chicane naast de baan. Snel komt hij terug, het tempo is echter weg en Max gaat hem op start-finish gemakkelijk voorbij. De volgende ronden neemt Norris afstand, binnen vier ronden loopt hij zes seconden uit. Dan tolt Sargeant, op het natte gedeelte van de baan gekomen in bocht 4, tegen de afzetting. Gele vlaggen en even later zelfs een safetycar. Er is op de baan weinig uitloop en de Williams moet veilig kunnen worden geborgen. Norris heeft pech, de safetycarfase begint net als hij de ingang van de pitsstraat voorbij is. Max en Russell duiken wel meteen naar binnen, gevolgd door Piastri. Norris moet een ronde op beperkte snelheid door en kan dan pas naar de pits. Zodra hij wegrijdt, komt Max achter de safetycar over start-finish. Max moet nog door bocht 1, maar Norris mag maar tachtig in de pitsstraat. Achter Max en Russell, net vóór Piastri, komt hij de baan weer op. Iedereen heeft intermediates gemonteerd, het is nog te nat voor slicks, banden zonder profiel. Als de safetycar weer naar binnen is, lijkt de vrede voor even getekend. Max, Russell in zijn spoor, Norris op een paar seconden, gevolgd door Piastri en Hamilton.

Stilaan wordt het toch tijd voor slicks. Een paar coureurs die weinig te verliezen hebben, wagen het erop: Bottas, Sainz, Pérez en Hamilton. Piastri volgt. Zodra blijkt dat de slicks sneller zijn, komen de leiders naar binnen. Max en Russell. Norris rijdt door. Hij hoopt in de vrije, schone lucht meer uit zijn banden te halen en met een paar snelle ronden straks na zijn pitstop vóór zijn tegenstanders terecht te komen. Twee ronden later schiet hij de pits in voor de bandenwissel. Achttien seconden verliest men gemiddeld bij een stop, hij ligt er twintig voor. Als hij wegrijdt, draait Max start-finish op, een stuk verder weg dan daarstraks. Max rondt bocht 1 als Norris gas mag geven, het wordt close. Heel close. Vóór Max komt Norris de baan op, maar aan de buitenzijde van bocht 2 en daar is het nog nat. De wielen spinnen op het gladde wegdek, de auto schudt en maakt geen vaart; Max, aan de droge binnenzijde, pakt de leiding.

Norris' mediumbanden zijn nog koud, hebben weinig grip, dus ook Russell steekt hem aan het eind van de ronde, bij het uitkomen van de hairpin, voorbij. Twee ronden later echter gaat Russell, onder druk van Norris, in de fout: te hoog over de kerbs in bocht 8. Hij glijdt weg, moet van het gas en Norris is voorbij. Nog negentien ronden. Krijgen we een herhaling van het gevecht in Imola? Dan glijdt Pérez tegen de muur. Schade. Ook Sainz tolt rond en tikt daarbij Albon van de baan. Safetycar – de rommel moet opgeruimd. Beide Mercedessen stoppen aan de pits voor nieuwe banden, ze liggen zo ver voor op Alonso dat ze geen plek verliezen en sluiten weer achter Piastri aan, achter de safetycar. Met nog twaalf ronden te gaan gaat de race met een rollende start voort. Max loopt weg bij Norris, zodat hij buiten DRS-bereik blijft. Achter hen hebben de Mercedessen het aan de stok met Piastri en met elkaar. Max wint, voor Norris en uiteindelijk Russell, die het eerste podium in 2024 boekt voor Mercedes. Norris is tevreden met zijn tweede plaats. 'Ik had geen geluk met die eerste safetycar, in Miami had ik dat wel. Het hoort erbij, dus ik zal er niet over klagen.' Max is blij met de zege. 'Een tamelijk waanzinnige race. Er gebeurde veel, maar wij zaten er bovenop. Het team bleef kalm en maakte precies de juiste calls voor de pitstops. De safetycar werkte in ons voordeel. Daarna kon ik voorop blijven. Het was leuk, dit soort races heb je af en toe nodig.'

Stand:

Verstappen	194
Leclerc	138

*

Waar was Ferrari eigenlijk in Canada? Deden ze wel mee? Twee weken geleden nog zo oppermachtig in Monaco en hier in Montreal nauwelijks in beeld. Leclerc en Sainz bleven beide steken in Q2. P11 en 12, achter Stroll en nipt voor Sargeant. Dan weet je waar je staat. Tijdens de race bleef het vervolgens bij gemodder in het middenveld. Leclerc waagde nog een gok met slicks, maar moest al snel weer terug naar de intermediates. Door de extra stop kwam hij op de laatste plaats terecht. In de veertigste ronde gaf hij op met motorproblemen. Sainz had het aan de stok met Ricciardo en Albon, tot hij van de baan spinde. Doet Ferrari nu nog mee om de wereldtitel of niet?

Hetzelfde patroon als vorig jaar lijkt zich te ontvouwen. Iedere twee weken lijkt een ander team de belangrijkste uitdager van Max. Afhankelijk van het circuit, het type bochten, de temperatuur, de wind, de banden of de upgrades zijn óf Ferrari, óf Mercedes, óf McLaren in de achtervolging. De ground-effect-auto's lijken zo complex en zo sensitief dat teams de wagens de ene keer wel en een andere keer niet goed afgesteld krijgen. Alleen Red Bull had de afgelopen twee jaar een 'platform' (zo werd het genoemd) van waaruit ze konden werken, de anderen waren voortdurend bezig om de auto 'beter te begrijpen'.

Toch is het dit jaar anders. Het gaat bij Red Bull niet zo vloeiend, zo gemakkelijk als vorig jaar. De eerste races liep alles nog op rolletjes en vreesde menigeen voor een herhaling van 2023. Gaandeweg is er toch iets veranderd. Iedere vrijdag, of zelfs vrijdagnacht, moet Red Bull zoeken naar de beste set-up. Terwijl de andere teams dichterbij lijken te komen. Het is logisch: wanneer de regels langere tijd hetzelfde blijven groeien de teams naar elkaar toe. En de laatste races lijkt de concurrentie zelfs sneller. Maar dan toch steeds weer een ander team. In Australië was het Ferrari, in Miami en Imola McLaren. In Monaco was Ferrari weer ongenaakbaar, in Canada zijn ze nergens en blijkt Norris in de McLaren veruit de snelste van het stel. En ook Mercedes was hier 'in the mix'. Volgens Max is Red Bull in Monaco ontmaskerd. Zijn zij inzake het ground-effect aan het eind van een ontwikkeling gekomen? Maakt het team onder druk verkeerde keuzes en fouten? Natuurlijk krijgt ook Max vragen als het over silly season gaat. Na de aardbeving onder het team (het is verdacht stil op dat front) en het aangekondigde vertrek van Newey, maar vooral omdat het allemaal niet meer zo geweldig loopt bij Red Bull, wordt ook hij gepolst naar zijn plannen. Het zitje bij Mercedes is nog altijd leeg. 'Zo werkt het natuurlijk niet,' blijft hij kalm. 'Anders kun je na elke race wel van gedachten veranderen. Wij hebben nog steeds de snelste auto, als je het seizoen tot dusver bij elkaar neemt. Anders stonden we ook niet bovenaan in de stand.'

10

Grand Prix van Spanje

Circuit de Barcelona-Catalunya – 23 juni 2024

En weer loopt het niet bij Red Bull op vrijdag. Het stabiele platform lijkt zoek. Tijdens de tweede vrije training moet Max twee tienden toegeven op Hamilton, Sainz en Norris. 'Een leerzame sessie, Max,' probeert Gianpiero de moed erin te houden. Maar Max is er niet gerust op. 'Het gaat al weken zo. We moeten meer performance vinden. Als je steeds op 101 procent moet rijden, dan gaat het een keer mis.' Tijdens de kwalificatie gaat het beter. Het zit opnieuw heel dicht bij elkaar. Max lijkt er zelfs met de pole vandoor te gaan, tot Norris op het eind van Q3 een magisch rondje tevoorschijn tovert en twee tienden sneller gaat. 'Dit was een perfect rondje,' glundert hij. 'Je voelt het wanneer het goed gaat, je raakt helemaal opgewonden, maar het bleef goed gaan. We hebben een kleine verandering aan de auto gemaakt voor de laatste run, en die pakte blijkbaar goed uit. Het is close. We gaan voor de zege morgen, dat is het plan. De start moet goed zijn, dat eerst.'

De start is cruciaal. Op het Circuit de Catalunya is het een lange run naar de eerste bocht, je moet goed wegkomen en beducht zijn op slipstreamende tegenstanders. Op zondagmiddag beginnen negentien auto's aan hun opwarmronde. De twintigste, Albon, start straks als laatste vanuit de pitstraat, omdat Williams van alles aan de auto heeft veranderd. Even later stellen ze zich twee aan twee op. In vroeger tijden had de startopstelling meestal drie auto's vooraan, dan twee, dan weer drie enzovoorts, uiteindelijk lijkt twee aan twee veiliger. Vroeger werden de auto's ook weg gevlagd met de nationale vlag, soms door een beroemdheid, maar dat gaf te vaak gehannes, onduidelijkheid en zelfs ongelukken. Nu gaan de vijf lichten aan, bediend door een professional, en zodra ze uitgaan gaat de meute los. Norris komt goed weg, Max ook. Geheel in Schumacher-stijl (hij begon er ooit mee) knijpt Norris onmiddellijk diagonaal naar binnen. Hij komt echter nét niet voor Max. Daarom moet hij wat ruimte laten, liefst zo weinig mogelijk natuurlijk. Max moet over de witte lijn langs de pitmuur, heel even met twee wielen op het gras, maar hij zit nog steeds naast Norris. Samen stormen ze omlaag. Ineens schiet er links aan de buitenkant een Mercedes tevoorschijn. Russell heeft een dubbele slipstream gepakt en vliegt vanaf plek vier voorbij Hamilton, Max en Norris. Gaat Norris daarom iets naar buiten? Daar is de bocht. Russell duikt er op hoge snelheid in, aan de buitenzijde, en steekt de Mercedes voor de anderen. Max heeft nu ruimte aan de binnenzijde en glipt binnendoor. Norris moet genoegen nemen met plek drie. Russell, dankzij zijn wereldstart, op kop. Voor Max, Norris, Hamilton, Leclerc en Sainz. Al snel wordt de DRS geactiveerd en in de derde ronde kruipt Max naar Russell toe. 'Dit is waarschijnlijk onze beste kans, Max. Wees verstandig,' zegt Gianpiero over de radio. Een goede exit uit bocht 14, snelheid meenemen en dan op het rechte stuk naderbij komen. DRS activeren en dreigend onder de achtervleugel van de Mercedes kruipen. Russell kijkt en schuift naar de binnenzijde om te verdedigen. En dan meteen naar de buitenzijde gaan, met de extra snelheid op gelijke hoogte komen. Zij aan zij door de eerste bocht, op hogere snelheid eruit komen om vervolgens in de volgende bocht aan de binnenzijde de leiding te pakken. Zo doe je dat. Max voor Russell. Achter hen gaan de twee Ferrari's in dezelfde bocht op de vuist. Sainz steekt buitenom voorbij, de auto's raken elkaar, Sainz moet even naast de baan, maar blijft voor zijn teamgenoot. Zo doe je dat dus niet. Zeker niet met je teamgenoot. Leclerc is boos: 'We zouden banden sparen!' Banden sparen doet daarna iedereen. Het is een tweestopper: er zal tweemaal gestopt worden om banden te wisselen. Als je je banden spaart, heb je aan het eind meer grip over, voor een eventuele aanval of verdediging. Vanaf ronde 15 komen de leiders binnen. Sainz, Russell, Hamilton, Max. Norris neemt de kop over, hij rijdt door. Zijn engineer komt op de radio: 'We kunnen voor Russell blijven, als we deze ronde binnenkomen, wat denk jij?' Norris' antwoord is duidelijk: 'Nee, ik vind dat we Max moeten pakken.' Aanvallen. Een paar ronden later stopt Norris voor nieuw rubber. De anderen zijn op hun verse banden harder gegaan en komen nu voor hem uit, maar nu heeft Norris nieuw schoeisel. In de volgende ronden gaat hij met DRS Sainz en Hamilton eenvoudig weer voorbij in bocht 1. Russell levert, halverwege de race inmiddels, wat meer weerwerk. Hij dekt fel de binnenzijde af. Norris volgt hem, ziet hoe Russell met alle snelheid in de volgende bocht naar buiten glijdt en pikt de binnenzijde van bocht 2. Maar Russell heeft dan weer de binnenkant van bocht 3! Zij aan zij zeilen de Britse kroonprinsen door de lange doordraaier. Norris houdt de buitenkant en gaat met meer snelheid de bocht uit, vóór Russell. De Mercedes-coureur geeft echter niet op en komt in de volgende bocht, opnieuw honderdtachtig graden, langszij aan de buitenzijde en weer voor Norris. Bijna raken ze elkaar. Het tempo varieert tussen de 175 en 290 per uur, wiel aan wiel. Norris pakt de binnenzijde in bocht 5 alsook in de aansluitende knik, bocht 6, twee wielen gaan even over het gras en dan rijdt hij voor Russell door de twee volgende slingers omhoog. Strijd beslist. Commentatoren schreeuwen het uit. Wat een heerlijk gevecht. Zo moet Formule 1. Max vindt het allemaal prima. Zo'n gevecht kost tijd, kost banden. Hij rijdt inmiddels negen seconden voor. Na de tweede serie pitstops, Norris opnieuw als laatste, bedraagt de voorsprong zeven seconden. Wordt het opnieuw een close finish zoals in Imola? Langzaam knabbelt Norris nog wat van het verschil af, een echte aanval komt er niet meer van. Max gaat op de zege af. Hamilton passeert nog zijn teamgenoot, Sainz moet zijn teamgenoot voorbij laten, maar Leclerc komt net tekort om Russell te passeren. 'Dat komt door dat duel in het begin,' stelt Leclerc. 'Hij jammert te veel,' stelt Sainz. Max wint. En is bijzonder blij. Gejuich klinkt uit de cockpit en bijna ouderwets springt hij zijn team in de armen. Hij heeft gewonnen terwijl hij vandaag zeker niet de snelste auto had. Dat zijn de beste zeges. Anders dan in Canada is Norris dit keer niet tevreden met een tweede plaats. 'We hadden móéten winnen,' antwoordt hij op de vraag of hij had kunnen winnen. 'De start heeft alles verpest.'

Stand:

Verstappen	219
Norris	150

*

Na de Grand Prix van China verklaarde McLaren-teambaas Andrea Stella dat het waarschijnlijk nog een jaar zou duren voor ze even snel waren als Red Bull. De grote upgrade die ze in Miami hebben geïntroduceerd pakt echter beter uit dan verwacht. Wordt McLaren de belangrijkste uitdager van Max? De McLaren MCL38 lijkt in elk geval de snelste auto van dit moment. Gaat dat ook op elk circuit zo zijn? 'We zitten dicht bij elkaar,' aldus Stella, na de race in Spanje. 'Dat is een geweldige stap als je kijkt waar we vandaan komen.'

Ontevreden met de auto's waarmee hij racete en geïnspireerd door de successen van Jack Brabham, begon Nieuw-Zeelander Bruce McLaren in 1963 zijn eigen raceteam. In 1966 ging hij voor het eerst in zijn eigen Formule 1-auto van start, in Monaco. Twee jaar later won McLaren in een McLaren de Grand Prix van België. Weer twee jaar later verongelukte hij tijdens een testrit met een van zijn succesvolle CanAm-wagens. Het team ging door en werd in de jaren zeventig, mede dankzij een grote tabakssponsor, wereldkampioen Formule 1 met helden als Emerson Fittipaldi en James Hunt. In de jaren tachtig werd het team groot gemaakt door teambaas Ron Dennis. McLaren was state-of-the-art, op en naast de baan. Het team bouwde onder meer de eerste koolstofvezelauto. En werd wereldkampioen met Niki Lauda, Alain Prost en Ayrton Senna. Eind jaren negentig volgde een nieuwe bloeiperiode: dankzij de ontwerpen van Newey en de Mercedesmotor werd Mika Häkkinen tweemaal wereldkampioen. In de tijd van Schumacher was McLaren een van de grote uitdagers, maar Kimi

Räikkönen redde het niet. Newey vertrok naar Red Bull. McLaren raakte verwikkeld in een spionageschandaal. Het zelf opgeleide megatalent Lewis Hamilton haalde nog een laatste wereldtitel binnen, daarna nam Red Bull de macht over. Mercedes begon voor zichzelf en McLaren zakte weg. De gok om nog eens met Honda in zee te gaan draaide uit op een faliekante mislukking; het team ging langs de rand van de afgrond. In 2016 werd Zak Brown CEO van een heleboel dingen binnen de McLaren-organisatie, maar al snel focuste hij zich op de Formule 1. Sinds 2018 is hij CEO van McLaren Racing. Met ex-Porscheman Andreas Seidl aan het roer begon de lange weg terug. In 2021 werd zowaar weer een race gewonnen. Ricciardo zegevierde in Monza. Met de nieuwe ground-effect-regels leek McLaren weer een stap terug te doen. Seidl vertrok naar Audi en Andrea Stella werd de nieuwe teambaas. Stella maakte ooit deel uit van Ferrari's dreamteam rondom Schumacher. Hij weet wat er nodig is om te winnen. Stella is voor alles emotioneel intelligent, aldus Norris. Hij heeft geen revolutie doorgevoerd bij McLaren, maar alle trouwe krachten weer op hun goede plaats gezet. In 2023 werd de weg omhoog weer gevonden. 'We komen eraan! We komen jullie halen, Red Bull!' jubelde Norris al vanuit de cockpit na de race in Japan. Dat najaar kwam ook de nieuwe windtunnel gereed. Volgens Brown was nu alles klaar om weer voor de wereldtitel te gaan. Stella weet, vast uit zijn tijd bij Ferrari, dat je al te hoge verwachtingen beter kunt temperen. Over een jaar zijn we even snel als Red Bull, dacht hij nog na de race in China.

11

Grand Prix van Oostenrijk

Red Bull Ring – 30 juni 2024

Het weekend in Oostenrijk begint met een ruzie tussen Jos Verstappen en Horner over deelname aan een Red Bull-parade. Gist het nog altijd in het team? ‘Als Mercedes een Verstappen in het team wil hebben,’ laat Horner weten, ‘dan is Jos beschikbaar.’ Stroll (het verbaast niemand) en Gasly hebben hun contracten verlengd. Audi meldt dat de motor voor 2026 al ettelijke Grand Prix-afstanden heeft gedraaid. En Sainz? Het schiet niet op. ‘Ik leer dat er maar weinig mensen te vertrouwen zijn,’ moppert hij. Op de mediadag maakt Max aan alle speculatie over zijn nabije toekomst een eind: in 2025 rijdt hij gewoon voor Red Bull. Het team werkt hard, verklaart hij, aan de zwaktes van de auto van dit jaar, maar ook aan die van volgend jaar. In de eerste en enige vrije training (het is sprintweekend) valt Max echter stil op het circuit. Pal voor de pits. Rode vlag. Max heeft geluk: de auto kan door een opening in de pitmuur teruggeduwd worden naar de pitbox. Even later is hij alweer op de baan en laat aan het eind van de sessie de snelste tijd noteren. Niets aan de hand.

De sprintkwalificatie toont de trend van de laatste races: achter elkaar rijden Hamilton, dan Russell, dan Piastri en Norris de snelste tijd, tot Max aan het slot nóg sneller rondgaat: negen honderdsten is het verschil. Gejuich vanaf de oranje Max Verstappen-tribunes.

Bij de start op zaterdag is Max het beste weg. Norris komt matig op gang en moet een aanval van zijn teamgenoot afslaan. Max voorop. In de volgende ronden komen de McLarens echter dichterbij. Norris kijkt en dreigt in bocht 3 en 4, de beste plaatsen om in te halen. Max maakt zich breed. In de vijfde ronde duikt Norris laat remmend naar de binnenkant van bocht 3, hij mist de apex maar redt de bocht. Max moet opzij om een touché te voorkomen. Norris pakt de leiding. Wordt Max hier vandaag verslagen? Natuurlijk geeft Max niet op. Meteen na de bocht kleeft hij onder de achtervleugel van zijn opponent. De auto's duiken door een flauwe knik omlaag naar bocht 4. Max links, aan de buitenzijde. Wanneer Norris die kant lijkt af te schermen, schiet Max ineens naar rechts, waar Norris veel te veel ruimte heeft gelaten, en passeert binnendoor. Norris moet nu een wijde lijn kiezen en ziet ook Piastri binnendoor glippen. En meteen is de strijd gestreden. Norris zit vast achter zijn teamgenoot. Hij kan niet te veel riskeren en de vuile lucht is niet goed voor zijn banden. Vanuit het team komt er geen bevel om Norris voorbij te laten. Het gaat slechts om één WK-punt, maar ieder punt telt, zou je denken. Max loopt weg en wint met bijna vijf seconden voorsprong. Norris is achteraf vooral boos op zichzelf: 'Ik liet de deur open als een amateur.'

In de kwalificatie voor de Grand Prix nog een trend: na Q1 staan alle twintig deelnemers binnen acht tienden van een seconde bij elkaar. Hoezo close? Uiteindelijk is Max in Q3 opnieuw de snelste. Hij is blij: 'Het team heeft hard gewerkt. Dit is een statement.' Norris volgt, voor Piastri. Piastri's tijd wordt echter geschrapt omdat hij over de track limits is gegaan. Het jaarlijkse probleem met de track limits lijkt overigens wel opgelost. Vorige jaren regende het straffen voor coureurs die met vier wielen over de witte lijnen waren gegaan. Chaos. Daar moest iets aan gebeuren. De organisatie heeft nu smalle stroken grind meteen achter de kerbstones gelegd, coureurs voelen nu waar de limiet ligt. Maar je kunt er nog steeds overheen. Dan volgt alsnog een straf. Voor motorraces worden de stroken eenvoudig weer dichtgemaakt.

De start op zondag is opnieuw voor Max. Norris krijgt even te maken met Russell, maar houdt de tweede plek vast. Daarachter heeft Piastri haast. Hij botst in bocht 1 met Leclerc en in bocht 4 met Pérez. Piastri moet over de kerbs, half door het grind en ziet Leclerc voorbijkomen. Leclerc moet echter naar de pits voor een nieuwe voorvleugel. Max voor Norris, Russell, Hamilton, Sainz, Pérez, Piastri en de rest. Hamilton moet Sainz voorbij laten: hij heeft hem na de start in bocht 1 buiten de baan gepasseerd. Piastri passeert Pérez alsnog. Daarna is het banden sparen. Twee pitstops zijn nodig vandaag. Max loopt langzaam weg bij Norris. Zes seconden bedraagt de voorsprong wanneer ze allebei in de drieëntwintigste ronde stoppen voor nieuwe banden. Alonso heeft Zhou bij een al te optimistische inhaalactie van de baan getikt. Tien seconden tijdstraf. Ocon en Gasly liggen weer eens met elkaar in de clinch. Piastri passeert Hamilton. Max ligt inmiddels zeven seconden voor, alles onder controle, al klaagt hij wel over zijn banden. De volgende pitstopfase breekt aan. In de tweeënvijftigste ronde komen Max en Norris tegelijk naar binnen. Max voorop. Het hele ballet staat klaar om de vier wielen te wisselen. Maar het gaat mis. Linksachter draait de wielmoer er niet onmiddellijk af. De gunman moet nog eens schroeven. Kostbare seconden. Als alle banden erop zitten, moet Max heel even wachten omdat Norris voorbijkomt op weg naar zijn pits. Bij McLaren loopt het perfect. Norris staat 2,9 seconden stil, Max had er 6,5 nodig. Als ze de pits uit rijden ligt Norris nog slechts tweeënhalve seconde achter. En als Max zich op de koude banden verremt in bocht 4 – hij houdt zijn auto maar net uit het grind – ligt hij nog anderhalve seconde voor. De McLaren nadert. Nog achttien ronden. Komt het net als gisteren tot een duel?

Norris is sneller, hij boendert over de kerbs en krijgt Max binnen DRS-bereik. In ronde 55, nog zestien ronden te gaan, kan Norris in de lange zwiep naar bocht 3 het klepje in de achtervleugel openen. Hij kruipt achter Max, dreigt rechts aan de binnenkant, maar Max gooit de deur dicht. 'Hij reageert op mijn bewegingen, dat mag niet!' roept Norris over de radio. Max klaagt dat hij geen grip heeft. Ronde 58, nog dertien ronden. Norris probeert het met een betere exit uit bocht 3, hij komt tot naast Max. Max geeft echter geen krimp en blijft voor. Norris krijgt een waarschuwing van de wedstrijdleiding: hij is al drie keer over de track limits gegaan. Nog één keer en hij krijgt een straf van vijf seconden. Ronde 59. Op weg naar bocht 3 schiet Norris naar de binnenkant, remt extreem laat. Te laat. Hij schuift met rokende banden de bocht in. Max ontwijkt, Norris gaat over de kerbs naast de baan. Hij gaat voorop als hij de baan weer op komt, maar geeft de plek snel terug op weg naar bocht 4. Inhalen buiten de baan is verboden. Norris op de radio: 'Hij beweegt als ik beweeg, dat kan hij niet blijven doen. Het eindigt nog met een crash!' Ronde 61. Norris neemt weer de buitenkant in bocht 3 voor een goede exit, maar in bocht 4 houdt Max zich opnieuw goed breed. Ronde 63. Nog eens remt Norris extreem laat aan de binnenzijde van bocht 3, nu redt hij de bocht net, Max moet uitwijken en gaat naast de baan. Max blijft echter voor. 'Hij moet de plek teruggeven!' roept Norris. 'Ik lag voor in de apex!' Max ziet het anders: 'Wat hij doet is *divebombing*! Zo haal je niet in. Hij duwde me van de baan.' De wedstrijdleiding houdt zich stil, vooralsnog. Ronde 64. Volgende aanval. Max waakt over de binnenkant, Norris kiest de buitenzijde, Max schuift ook naar buiten. Je moet een autobreedte ruimte laten, is de afspraak. Laat Max genoeg ruimte? De wagens raken elkaar. De achterwielen. Het moest ervan komen. Max heeft onmiddellijk een lekke band; linksachter slingert het rubber rond de velg. Ook Norris heeft schade. De McLaren wobbelt. Als Norris voorbij wil, knijpt Max hem af, omlaag naar bocht 4. Beiden rijden door, in de hoop de pits te halen. Russell rijdt vijftien seconden achter hen. In de pits kan Toto Wolff zijn opwinding niet bedwingen en gilt in de radio: 'George! Je kunt dit winnen – je kunt dit winnen, George!' Precies op het moment dat Russell moet remmen voor bocht 3. Hij schrikt zich een hoedje: 'Laat me – piep! – rijden!' Wolff geeft later toe dat dit het domste was wat hij ooit gedaan heeft. Emoties. Norris heeft rechtsachter een lekke band. Een paar tellen later passeert Russell beide kemphanen en leidt de race. Max haalt de pits en krijgt nieuwe banden, soft. Schade beperken. Als vijfde komt hij de baan weer op. Ook Norris bereikt zijn team. Hij moet opgeven, de schade is te groot. Is hij te hard, te ongeduldig doorgereden? Max wordt intussen als hoofdschuldige aangewezen bij de botsing en krijgt een tiensecondenstraf. Dat deert niet, Hülkenberg ligt zeventien seconden achter hem. Russell leidt, voor Sainz, Piastri, Hamilton, Max. Piastri ruikt zijn kans en passeert Sainz buitenom in bocht 5. Russell blijft echter buiten bereik en wint de race. Even heeft Max nog de snelste ronde, maar op het allerlaatst snoept Alonso, op nieuwe banden, die van hem af.

Wat een duel! Alles en iedereen staat nog stijf van de adrenaline. Ongelofelijk. Zo hoort Formule 1. Alleen die botsing. Of nee, ook die hoort er blijkbaar bij in de huidige Formule 1. Het kon haast niet uitblijven. Bij de interviews na afloop is Norris boos. 'Ik ging de strijd eerlijk in, op het randje, maar wel met respect. Dat kreeg ik niet terug. Het was wanhopig en roekeloos wat hij deed. Drie keer bewoog hij in de remzone. Ik hoef verder niks te zeggen, ik deed niks verkeerd. Als hij zijn excuus niet aanbiedt, dan verlies ik een hoop van mijn respect.' Max reageert kalmer, als een kampioen. 'Het is jammer. Dit wil je niet natuurlijk. Ik moet de beelden nog eens bekijken. Wij deden als team dingen niet goed, zoals die pitstop, en dan kom je in zulke situaties terecht. We gaan er vast een keer over praten, maar niet nu. Hij is boos, ik ben boos, dat is logisch. Eerst even afkoelen.'

McLaren-teambaas Stella is woedend. 'De hele wereldbevolking weet wie er verantwoordelijk is, behalve een klein clubje. Als er niet afdoende op gereageerd wordt, dan blijft dit gebeuren. Destijds met Lewis al, toen had men veel harder moeten ingrijpen. Die tijdstraf slaat ook nergens op: wij hebben een DNF en Max scoort gewoon tien punten.'

Stand:	
Max Verstappen	237
Lando Norris	156

*

Hoe word je wereldkampioen?

Iedere keer wanneer ik de beelden van het gevecht in Oostenrijk terugzie, zit ik weer te stuiteren. Nog eens en nog eens spoel ik ze terug. Dit is Formule 1. Dit is strijd op het uiterste randje, het uiterste randje van techniek, van wagenbeheersing, van inschatting en intuïtie, van lef en bluf, van wat mag en misschien niet meer mag. Het is precies wat het verschil maakt tussen een geweldige coureur en een winnaar. En ja, als je twee winnaars tegen elkaar krijgt in deze branche, dan moet het blijkbaar fout gaan…

Om wereldkampioen te worden moet je vanzelfsprekend een beetje hard kunnen rijden. Moet je de wagenbeheersing hebben. En niet één rondje, maar alle rondjes, anderhalf uur lang achter elkaar. Precies weten wat je doet. Weten wat de auto kan, wat jij kunt, wat de banden kunnen en hoelang ze dat kunnen. Alles. *Feeling*. Gevoel. Maar dan is er nog iets. Overtuiging. Je moet volkomen overtuigd zijn van jezelf. Sterker nog: je moet ervan overtuigd zijn dat jij de beste bent. Dat jij vooraan hoort te rijden, het spreekt vanzelf, omdat je beter bent dan dat hele clubje bij elkaar. Senna had dat. Schumacher. Max heeft het ook.

En Norris? Neem de start in Spanje. Norris op pole. Steekt bij de start à la Schumi diagonaal over – destijds spraken we er schande van, nu zijn we niet anders meer gewend. Dus dat doet hij goed, maar net niet goed genoeg, want hij weet zijn auto nét niet voor Max te prikken. Hij dwingt Max vervolgens naar de pitmuur. Ook dat doet hij goed, echter weer niet goed genoeg. Want Max wijkt niet. Max gaat met twee wielen over het gras, houdt de binnenkant en gaat Norris in bocht 1 voorbij. Pure overtuiging. Uiteindelijk had Norris Max nog verder het gras op moeten dringen, of nee, beter (want zoiets is bizar gevaarlijk): Max had moeten vrezen, had moeten wéten dat Norris dat zou doen, zodat hij heel even zou liften, waardoor Norris als eerste de bocht in zou gaan. Lef. Bravoure. Op het randje van wat mag. Misschien een beetje erover, omdat jij nu eenmaal vooraan hoort te rijden. Neem Canada. Norris was tevreden met plek twee. De safetycar zat tegen, maar in Miami had de safetycar meegezeten. Fout. Norris had stikchagrijnig moeten zijn. Hij was veruit de snelste in Canada, Miami was verleden tijd. En neem de sprintrace in Oostenrijk. Als je Max dan eindelijk opzij hebt gezet, kun je de deur natuurlijk niet zo open laten staan. Je moet scherp zijn. Elk moment. En daarna had Norris moord en brand moeten gillen toen Piastri hem passeerde en achter zich hield. Dwingen. Eisen. Op de baan. En ernaast. Zo word je wereldkampioen.

Norris moet het leren. Het is voor het eerst dat hij strijdt om de titel. Het is voor het eerst dat hij Max, onbetwist de beste coureur van zijn generatie, kan verslaan. Het duel in de Grand Prix ging alweer een stap verder. Aandringen. Keer op keer. Ernaast. 'Divebombing' desnoods. Zo heeft Max het in het verleden ook gedaan. Laat remmen, niet wijken. Ook als je weet dat Max niet wijkt. Dan maar een touché. Dan weet hij het voor de volgende keer: dat jij niet wijkt. Dit is de moderne Formule 1.

12

Grand Prix van Groot-Brittannië

Silverstone Circuit – 7 juli 2024

Een week na de clash in Oostenrijk is het circus alweer in Engeland, op Silverstone. In het voorjaar klaagde de organisator nog over de tegenvallende kaartverkoop, het Formule 1-seizoen zou te saai zijn door de dominantie van Max. Intussen is er het een en ander veranderd, en de tribunes op Silverstone puilen uit. De Britse pers kopt '*Lando Hope & Glory*'. Max wordt, net als tijdens en na het gevecht met Hamilton in 2021, afgeschilderd als the bad guy. Roekeloos en wanhopig. De tweestrijd wordt meteen op scherp gezet. En hoe is het met de vriendschap tussen de twee coureurs, is die nu voorgoed voorbij? De hoofdrolspelers halen hun schouders erover op. Ze hebben elkaar vrij snel na de race in Oostenrijk gesproken. Toen Max op maandagochtend wilde gaan bellen, zag hij al een paar sms'jes van Norris op zijn telefoon. Een teken van echte vriendschap. Op Silverstone vertelt Norris over het gesprek. Ze hebben het uitgepraat, ja. Max hoeft wat hem betreft zijn excuus niet meer aan te bieden. Norris was gefrustreerd na afloop en nog vol adrenaline. Hij heeft de beelden bekeken, het was gewoon stevig racen. Ze hebben elkaar eigenlijk nauwelijks geraakt, het had alleen grote gevolgen. Dat is pech. Hij had misschien ook dingen anders kunnen doen, wat meer kerb kunnen nemen. Max is een harde racer, dat gaat niet veranderen. Alleen mag er wel wat beter gekeken worden naar het bewegen in de remzone. Max zegt ongeveer hetzelfde. Dat hij kritiek krijgt kan hem niets schelen. Het belangrijkste vindt hij de vriendschap met Norris. Ze zijn het voor 99 procent met elkaar eens. Max vindt wat hij deed niet enorm over de top. Natuurlijk reageer je op elkaar. Maar je wilt niet crashen. 'Je zoekt altijd een grijs gebied op, anders word je nooit een topcoureur, en bereik je ook nooit iets in je leven. We vliegen er dit weekend weer vol gas in, daar houden we van. Dat is ook goed voor de Formule 1.'

Mooie woorden. Houden ze het vol? Max staat nog altijd een comfortabele 81 punten voor in de stand. En zoals hijzelf fijntjes opmerkt, hij heeft reeds drie wereldtitels op zak en 61 Grand Prix-overwinningen, tegen die ene zege van Norris. Wat als het straks op een paar punten aankomt, met nog één race te gaan?

Norris begint voortvarend, op vrijdag is hij tweemaal de snelste. Silverstone geeft hem extra motivatie. Hier stond hij als negenjarige, voor het eerst bij een Grand Prix, bij de poortjes met zijn eigen racehelm, om die te laten signeren door grootheden als Hamilton en Alonso. Nu staat hij met hen op de grid. 'En ik vecht om de wereldtitel. Het voelt raar om te zeggen, maar als je de laatste paar races bekijkt, zou je gek zijn om het niet te zeggen,' stelt hij zelfverzekerd in een interview. Op zaterdag regent het. De kwalificatie begint op een natte baan. Als Pérez te vroeg droogweerbanden probeert, schuift hij kansloos in het grind. Klaar. Tegen het eind van Q1 is er een droog spoor. Iedereen gaat nu naar de softs om een snelle tijd te rijden. En dan vallen er toch weer spetjes. Ze verrassen Max in Copse, de bijna haakse bocht naar rechts, tempo boven de 200. De Red Bull glijdt naast de baan, zwiebert over de kerbs en de asfaltstrook. Er is schade aan de vloer – honderd punten downforce, berekent het team later – maar Max sleept er nog een vierde tijd uit. Tussen de sessies wordt de vloer waar mogelijk opgelapt. Met de nodige moeite komt Max in Q3. Leclerc redt het niet. Ferrari lijkt de weg kwijt. Mercedes is snel. Russell en Hamilton zorgen in Q3 zelfs voor een *front row lock-out.* Norris moet genoegen nemen met een derde plaats. Foutje gemaakt. Max is vierde.

Bij de start kruipt Hamilton meteen in de slipstream van zijn teamgenoot en blokt op die manier Norris. Russell, voor Hamilton, Norris, Max en Piastri, zo slingeren ze door bocht 1 en 2. In de volgende bocht zet Norris echter de aanval in, snel en wijd raast hij door de bocht naar rechts. Te snel, te wijd. Hij glijdt naar de buitenkant en belandt op de kerbs. De McLaren hobbelt, één moment liften, het momentum weg en Max zit al naast hem. En buitenom in bocht 4 gaat Max hem ook voorbij. Russell, Hamilton, Max, Norris, Piastri, Sainz, Stroll, Leclerc, Hülkenberg en de rest. Zo blijft het in de aanvangsfase. Iedereen kijkt omhoog. Er komen regenwolken aan. Na ruim tien ronden blijken de McLarens opnieuw sneller dan de Red Bull. In de vijftiende ronde passeert Norris Max vrij eenvoudig met DRS op Hangar Straight. Groot gejuich vanaf de tribunes. Twee ronden later passeert Piastri met eenzelfde manoeuvre. Max heeft geen verweer. Op hetzelfde moment gaan overal de poncho's aan en paraplu's op: het begint te spetten.

Hamilton voelt zich beter in de regen, hij neemt de leiding eenvoudig over in Stowe. Het gespetter wordt blijkbaar erger, want een paar bochten verder, in bocht 1, glijden beide Mercedessen naast de baan. Via de uitloopzone komen ze terug de baan op, net voor Norris. Norris passeert meteen Russell en een ronde later op start-finish ook Hamilton. Net als in Canada excelleert de McLaren in de halfnatte omstandigheden. Ook Piastri gaat de beide Mercedes-coureurs gezwind voorbij. En de regen zet door. Leclerc en Pérez komen binnen voor intermediates. Iedereen kijkt nu naar hun tijden. Wanneer zijn zij op hun regenbanden sneller? Halverwege de race is het zover. Max rijdt, als eerste van de leiders, de pits in voor de intermediates. Een ronde later volgen Norris, Hamilton en Russell – Mercedes doet een double stack, dat gaat Russell tijd kosten. McLaren doet het niet, Piastri rijdt door. Norris en Hamilton komen voor Max de baan weer op, maar Russell heeft een plek verloren. Als Piastri een ronde later stopt valt hij zelfs terug tot achter Sainz. Een rondje over de natte baan kostte toch meer tijd dan even wachten bij een dubbele pitstop. Norris, voor Hamilton, Max, Russell Sainz, Piastri, Hülkenberg. Een paar ronden later rijdt Russell opnieuw de pits in. De Mercedes lekt water. Opgave.

Intussen droogt de baan alweer op. Wie gaat er het eerst terug naar slicks? Hamilton. En Max. Norris is doorgereden. Er zijn nog veertien ronden te gaan. Hamilton kiest voor de zachte band, Max laat de harde monteren. Snelheid versus slijtvastheid. In elk geval meer grip. Norris verliest tijd met zijn extra ronde. Voor hij de pits in rijdt is er overleg: welke band wil hij? Softs lijken het best. Het maakt hem niet uit, als het maar slicks zijn. Zo word je dus geen wereldkampioen. De pitstop is traag: Norris is iets te ver doorgereden en staat daarom meer dan vier seconden stil. Zo dus ook niet. Als Norris de pits uitkomt, ziet hij Hamilton voor zich door bocht 2 vliegen. Hamilton aan de leiding! Gaat de oude vos er met de zege vandoor? Norris rijdt nu ook op de zachte band, terwijl McLaren nog een set medium-banden voor hem had, waarmee ze Max waarschijnlijk eenvoudig achter zich hadden kunnen houden. Met wie ben je nu echt in gevecht? Max krijgt meer en meer temperatuur in de harde band, terwijl de twee vóór hem zuinig moeten zijn met hun zachte rubbers. Max loopt in. Langzaam kruipt hij op Norris af en met nog vier ronden te gaan gaat hij hem voorbij in Stowe. Het publiek houdt de adem in, want ook Hamilton heeft hij nu in het vizier… De zevenvoudige kampioen rijdt echter een geweldige laatste stint op de zachte band en weet de race naar huis te rijden. Silverstone ontploft! 'Niks comeback,' gillen de Engelse commentatoren, 'Lewis Hamilton is nooit weggeweest!' Het is zijn honderdvierde Grand Prix-zege, maar voor het eerst zit hij huilend in de auto. Zijn engineer Bono, Peter Bonnington, gaat uit zijn dak op de radio: 'Get in there Lewis! You're the man! You're the man!' Toto Wolff meldt zich. Als hij uit de auto stapt valt Hamilton in de armen van zijn vader. En even later in de armen van zijn moeder. Lang wuift hij met de Britse vlag naar de fans op de tribunes. Het is een emotionele zege, voor hem, zijn familie, het team, de Formule 1, de fans – mijn tranen zijn ook niet ver weg, merk ik –, voor de hele wereld.

Stand:

Verstappen	255
Norris	171

*

De statistieken spreken boekdelen. Met zijn honderdvierde zege wint Hamilton voor de negende keer op Silverstone en staat hij er voor de vijftiende keer op het podium – allemaal records. Met zijn negenendertig jaar en 182 dagen is hij de oudste Grand Prix-winnaar in deze eeuw (halverwege de vorige eeuw was racen nu eenmaal meer iets voor oudere mannen met veel ervaring). Hamilton is de eerste coureur die na zijn driehonderdste Grand Prix (het is zijn 344ste) wint. En tussen zijn eerste overwinning en deze zit meer dan zeventien jaar.

Toch zegt het niet alles. Want tussen zijn laatste zege (in Saudi-Arabië 2021) en deze zitten drie loodzware jaren, waarin Hamilton al meerdere malen werd afgeschreven. De ground-effect-Mercedes bleek jaar na jaar niet vooruit te branden, een onbegrepen en onberekenbare diva. Voortdurend hield hij de moed erin; ze gingen het gat dichten, bleef hij herhalen. Maar ik zie nog hoe hij na de race in Saudi-Arabië in 2022 bij de auto wegstrompelde, kapot, gebroken, verbaasd dat hij nog een punt kreeg voor zijn tiende plaats. In interviews na de triomf op Silverstone geeft hij toe dat ook hij bij momenten aan zichzelf getwijfeld heeft: had hij het nog wel? 'Iedere dag weer opstaan, knokken, trainen, je kop gefocust houden op wat er gebeuren moet. Je moet diep blijven gaan, ook al denk je dat je de bodem nu wel bereikt hebt.' Het team en de inspanningen die zij verrichtten hielden hem gaande. Daarom is hij superblij dat ze nog één keer samen winnen.

Al vanaf zijn dertiende heeft Mercedes hem gesteund. Hij raasde door de junior-categorieën en was in zijn debuutjaar bijna wereldkampioen Formule 1, met McLaren, dat destijds een exclusieve motordeal had met Mercedes. Een jaar later werd hij, in de laatste bocht van de allerlaatste race van het seizoen, alsnog kampioen. Hij zou altijd voor McLaren blijven rijden, zei hij destijds. Daarna kwamen echter de moeilijke jaren. Vettel en Red Bull (lees: Newey) waren aan de macht. En Mercedes begon voor zichzelf. Hamilton liet zich niet altijd van zijn beste kant zien. Zijn glamourleven deed hem ook geen goed. Niki Lauda, een kampioen naar wie hij nog wel wilde luisteren, haalde hem over om naar Mercedes over te stappen en zich weer meer te concentreren op het racen. Het vervolg is bekend: niet eerder regeerde een team met één coureur zo lang in de Formule 1. Tussen 2014 en 2020 werden alle records verbroken. Tot hij werd onttroond door Max. Nog altijd, vertelde Hamilton begin 2024, voelt hij zich bestolen in Abu Dhabi, maar hij is er intussen wel overheen.

Met de komst van het ground-effect kon Hamilton niet meer schitteren, ook al gaf hij alles. Mercedes, met duizend man op de fabriek, kreeg de auto niet op orde. Als je gewend bent geweest te winnen en kampioen te worden is een geweldige race voor plek vier niet meer genoeg. Zou hij, als hij geweten had dat de auto zoveel beter zou worden en dat zelfs Red Bull werd bijgehaald, wel zijn overgestapt naar Ferrari? Was het alleen om te genieten van de mythe, of begint, nu ook Ferrari meedoet om de zeges, die achtste wereldtitel toch weer te kriebelen?

Toto Wolff noemt de overwinning op Silverstone een sprookje. Een geweldig afscheid, veel beter had het niet kunnen worden gescript. 'Dit betekent veel voor me,' liet Hamilton tussen zijn tranen door vanuit de cockpit weten. 'Het betekent ook veel voor ons,' antwoordde Bono.

13

Grand Prix van Hongarije

Hungaroring – 21 juli 2024

Ondanks dat Max op Silverstone zijn voorsprong op Norris wist te vergroten, is niemand bij Red Bull nog gerust op het komend najaar. Niet alleen de constructeurstitel, ook de wereldtitel voor coureurs lijkt niet zo zeker meer. De allang geplande upgrades in Hongarije zijn daarom meer dan welkom. Volgens Max zijn ze zelfs 'beslissend voor de rest van het seizoen'. Tijdens de vrije trainingen zijn Ferrari en McLaren weer sneller, maar Max is niet ontevreden, hij zit dichtbij. 'Vanaf hier kunnen we verder werken.'

De kwalificatie begint met wat regenspetters. Pérez vliegt van de baan in bocht 8. Ook in Hongarije wordt er weer druk gespeculeerd over zijn positie in het team. Om voorop te blijven in het constructeurskampioenschap zijn er twee coureurs nodig die vooraan meedoen en punten scoren. Liam Lawson, die vorig jaar als vervanger van Ricciardo al verrassend goed presteerde, komt steeds vaker in beeld, en ook Tsunoda wordt genoemd als alternatief. 'Alles is open na de zomer,' aldus Helmut Marko. Ricciardo is niet toevallig de snelste in Q1. Russell blijft steken in de eerste sessie. Hamilton komt maar net in Q3: Hülkenberg komt een honderdste tekort voor plek tien. Regen dreigt. Norris zet meteen een snelle tijd in de slotsessie, en die blijkt genoeg voor pole. Piastri komt tot op twee honderdsten – de twee McLarens morgen op de eerste rij. Max is derde op vier honderdsten. Tsunoda wil waarschijnlijk ook iets laten zien en maakt in de slotfase nog een harde klap in bocht 5.

Op zondag is het droog en warm. Als de lichten doven is Piastri net iets beter weg dan Norris. Norris schuift onmiddellijk naar rechts en dwingt zijn teamgenoot richting de pitmuur. Max pakt de opengelaten buitenkant en driedubbeldik duiken de McLarens en de Red Bull de eerste bocht in, honderdtachtig graden naar rechts. Beide McLarens komen tamelijk wijd de bocht uit, zodat Max over de kerbs en naast de baan moet. Piastri heeft aan de binnenkant de beste lijn en pakt de kop. Ook Norris moet over de kerbs en verliest tempo. Max gaat volle bak over de uitloopstrook en komt voor Norris de baan weer op. Ook Hamilton steekt Norris voorbij. Zij aan zij draaien Hamilton en Max door bocht twee naar links. Max aan de binnenkant heeft het voordeel en ook Norris glipt weer binnendoor. Wat een openingsfase! Natuurlijk wordt er luidkeels over de radio geklaagd. Norris vindt dat Max naast de baan heeft ingehaald en dus de plek moet teruggeven, Max vindt dat hij voor Norris bij de apex was en dat Norris hem dus van de baan duwde. De stewards zijn aan het kijken. Max is *under investigation*, meldt de wedstrijdleiding, voor inhalen buiten de baan. Er vindt snel overleg plaats. Gianpiero raadt aan om de plek maar terug te geven, voordat de stewards een tijdstraf uitdelen. Max is het er niet mee eens: 'Laat ze toch gewoon zeggen hoe het zit, dan beslissen we wel!' Toch gaat hij in de vierde ronde van het gas en laat Norris voorbij. Piastri, Norris, Max, Hamilton, Leclerc, Sainz, Alonso is de volgorde als het stof is opgetrokken. Nu even de banden sparen. In de zeventiende ronde beginnen de leiders aan hun pitstops. Hamilton eerst, daarna Norris. Piastri een ronde later. Max rijdt door. Op hun nieuwe banden rijden de coureurs die vroeg gewisseld hebben nu snellere ronden. Als Max in de pits is geweest, rijdt Hamilton dan ook vóór hem. Mercedes heeft een *undercut* uitgevoerd. Al snel zit Max, op zijn verse banden, weer in het kielzog van de Mercedes, maar nu moet hij hem nog voorbij. In de vijfendertigste ronde valt hij aan bij bocht 1, DRS open. Hamilton remt laat en schermt de binnenkant af. Dan blokkeren zijn wielen: rokende banden, het momentum kwijt. Max komt na de bocht meteen op gelijke hoogte en probeert het in bocht 2 buitenom met meer snelheid. Te veel. De Red Bull glijdt naast de baan en Hamilton is er weer vandoor. 'De auto stuurt niet in! Ongelofelijk...' meldt Max via de radio. De krachttermen tussendoor worden door de FIA met piepjes gecensureerd.

Kort daarna duikt Hamilton de pits in, gevolgd door Leclerc. Zij doen een verrassende korte stint op de harde band, en proberen zo opnieuw een undercut. McLaren reageert een paar ronden later. Om Hamilton geen kans te geven, wordt eerst Norris binnengehaald. Hij reed niet ver voor Hamilton. Twee ronden later volgt Piastri. De McLarens blijven voorop, maar omdat hij eerder gestopt is, rijdt Norris nu vóór Piastri. Het blijkt een onbedoelde undercut, want al snel komt Norris' engineer op de radio: 'Oscar heeft zijn stop gemaakt en komt achter jou de baan op. We willen nu de volgorde weer herstellen.' Wat is dit? Teamorders? De leiding uit handen geven? Norris rijdt door. Natuurlijk. Een paar ronden later krijgt Piastri van de pitmuur de verzekering: 'We gaan van plek wisselen.' En opnieuw krijgt Norris de opdracht. 'Jullie hadden hem toch eerst kunnen laten stoppen? Toch?' antwoordt Norris. 'Dat maakt niet uit,' aldus zijn engineer. 'Maar mij maakt het wel uit, denk ik zo.' Wat gebeurt hier? Commentatoren, toeschouwers, iedereen is stomverbaasd. Want wie is er nu met Max in gevecht om de wereldtitel?

Ook Max is gestopt voor nieuwe banden. Te laat. Hamilton en Leclerc rijden voor hem als hij de pits uit komt. Max zet de achtervolging in, maar krijgt dan over de radio te horen dat hij wat te wild aan zijn stint begint, dat is niet goed voor de banden. Waarop Max flink uitvalt: 'Ik hoef die – piep – niet! Jullie zetten mij op een – piep – strategie, ik probeer te redden wat er te redden valt!' Even later gaat hij Leclerc voorbij. En zes ronden later valt hij ook Hamilton aan in bocht 1. Max komt van ver, remt extreem laat aan de binnenzijde, waar Hamilton al aan het insturen is. Met rokende banden glijdt de Red Bull door en flipt met het linkerachterwiel over het rechtervoorwiel van de Mercedes. Een moment vliegt de Red Bull met de achterkant door de lucht, klapt op het asfalt en glijdt dan rechtdoor de baan af. Hamilton kan voort. Ook Max kan verder. 'Hij bewoog onder het remmen!' roept Max woest. 'Ik ga hier niet met andere teams over ruziën via de radio,' zegt Gianpiero. 'Laat de stewards hun werk maar doen. Het is kinderachtig over de radio, kinderachtig.' Hamilton heeft een andere kijk op de botsing: 'Ik ging niet van mijn lijn.' De wedstrijdleiding houdt het op een '*racing incident*' en deelt geen straf uit.

Intussen gaat het McLaren-drama voort. Norris vindt dat Piastri maar dichterbij moet komen, hij heeft immers de betere banden. Dat gaat niet, aldus zijn engineer. Norris moet zijn eigen banden gaan sparen en Piastri voorbij laten. Norris geeft geen krimp. De druk van de pitmuur wordt nu zelfs emotioneel: 'Denk aan het team, bedenk wat we al die zondagochtenden samen besproken hebben...' Norris rijdt door. 'We deden deze pitstopvolgorde voor het team, Lando.' 'Ja, maar ik vecht voor het kampioenschap, of niet?' 'Ik probeer je te beschermen, echt.' Norris leidt, op vijf seconden gevolgd voor Piastri. Hamilton op twintig seconden, dan Leclerc, Max, die wat schade heeft en geen vuist meer kan maken, Sainz en Pérez, die zich weer naar voren geworsteld heeft. 'Lando, nog vijf ronden. Je wint een kampioenschap niet alleen, maar met het team. Je hebt Oscar nodig, en het team. Alsjeblieft, doe het nu.' Met nog drie ronden te gaan vertraagt Norris op start-finish en laat zijn teamgenoot voorbij, die zo op weg gaat naar zijn allereerste Grand Prix-overwinning. Vorig jaar won hij al de sprintrace in Qatar, maar deze telt pas echt. 'Je hoeft niks meer te zeggen,' is Norris zijn engineer voor. Zo word je dus geen wereldkampioen...

Stand:
Verstappen 265
Norris 189

*

Na afloop worden overal de wonden gelikt. Max is boos en teleurgesteld. De beslissende upgrades hebben niet het gewenste effect. McLaren is sneller, in de kwalificiatie en in de race. Dan moet je iets met de strategie proberen. Ook die was vandaag niet goed. Hij bespeurt een zekere zelfgenoegzaamheid in het team. Het geruzie op de radio hoort erbij, vindt hij: 'Dit is topsport, dan moet je expliciet en boos kunnen zijn. Als je daar niet tegen kunt, dan kun je beter thuisblijven.' Verderop lacht Norris als een boer met kiespijn. Hij snapt wel dat hij de plek terug moest geven. 'Je moet egoïstisch zijn in deze sport, dat klinkt altijd mooi, maar als ik me in Oscars positie verplaats dan moet ik die plek gewoon teruggeven.' Piastri heeft ook dingen voor hem gedaan. Hij is happy voor zijn teamgenoot, het is tenslotte zijn eerste overwinning. Happy ook voor het team. Teambaas Stella benadrukt dat het allemaal draait om de waarden van het team. 'We hebben een gezamenlijke aanpak, team én coureurs. Niemand doet het alleen. Die boodschap bespreken we iedere zondagochtend.'

Ongelofelijk. Je strijdt om de wereldtitel in de Formule 1, dan is er geen tijd voor cadeautjes. Is Stella vergeten hoe ze dat deden bij Ferrari? Hoe Rubens Barrichello in Oostenrijk 2002, een race die hij volkomen domineerde, in de laatste ronde van het gas moest? Ieder punt telde, ook al leek Schumacher op zijn gemak op weg naar de titel. Of was Stella het er destijds diep in zijn hart niet mee eens? En wil hij het nu anders? Hoe vaak heeft Bottas niet moeten wijken voor Hamilton? Of denk aan Massa voor Alonso: 'Felipe, Fernando is much quicker than you are, do you understand this message?' Maar ook voor Norris geldt: wie kampioen wil worden eist de punten op en gaat niet aan de kant. Denk aan Max, die in Singapore 2015 ronduit 'nee' verkocht toen het team hem opdroeg om teamgenoot Sainz voorbij te laten. Of aan de befaamde 'Multi-21'-afspraak, die Vettel aan zijn laars lapte, door Mark Webber in Maleisië 2013 een bijna zekere zege af te snoepen. Webber was volkomen ontgoocheld, Vettel hield de kaken op elkaar en het team steunde hem. Webber is de manager van Piastri. Zou hij misschien een stevige clausule in het contract hebben laten zetten, zodat zijn protegé nooit tot '*number two-driver*' wordt gedegradeerd? Heel goed mogelijk. En McLaren wil Piastri natuurlijk niet kwijt.

Piastri is McLarens hoop op een grootse toekomst. Misschien wel meer dan Norris. Piastri groeit. Hij is pas aan zijn tweede Formule 1-seizoen bezig en wint een Grand Prix, waar hij in zijn debuutjaar al een sprintrace won. Piastri is geboren op 6 april 2001 in Melbourne. Als kind racet hij met radiografisch bestuurbare auto's op nationaal niveau. Met negen jaar probeert hij een kart en al snel wint hij races in Australië. In 2016 volgt de oversteek naar Europa. Vijftien jaar oud. De Formule 4 is het begin en vandaar beklimt hij rap de doorsnee autosportladder. Formule Renault (kampioen in 2019), Formule 3 (kampioen in 2020) en Formule 2 (kampioen in 2021). Inmiddels is hij dan ook al testcoureur bij Alpine (voorheen Renault), dat hem in 2022 echter geen Formule 1-stoeltje kan bieden. Hij wordt reservecoureur. Wanneer Alpine te lang aarzelt om hem een zitje voor 2023 aan te bieden, ziet zijn manager Webber kans hem bij McLaren binnen te brengen. McLaren ziet in Piastri het talent van de toekomst. Het team is zelfs bereid om voor hem het contract van Ricciardo af te kopen. En zo debuteert hij in 2023 bij een team dat halverwege het seizoen ineens weer een topteam is. Piastri's prestaties zijn echter nog wisselvallig. De druk, bekent hij, is groot: je moet overleven, anders is het voorbij. De tweede helft van het seizoen, met de vele races op onbekende circuits en het verre reizen, valt hem zwaar. 'Je moet het allemaal eerst een keer ervaren,' merkt hij. De winst in de sprint van Qatar vestigt zijn reputatie. Hij weerstaat de druk van Max. Hij is koelbloedig. Ook zijn vreugde na afloop blijft nogal onderkoeld. Vergelijkingen met Räikkönen worden gemaakt. 'Het kwam allemaal nog niet zo binnen,' vertelde hij later. Zijn zege in Hongarije, ook al komt die een beetje vreemd tot stand, dringt beter tot hem door. 'Het wisselen van positie was terecht. Ik kwam door mijn start in een winnende positie. Toen het wat langer duurde dan verwacht werd ik wel wat nerveus, maar het team heeft het prima uitgevoerd.' Piastri staat 116 punten achter Max. Veertig meer dan Norris. Misschien is hij helemaal niet van zins om tweede viool te spelen, en als zijn contract dat ook verbiedt, dan heeft McLaren een probleem. Maar wie is er nu eigenlijk de baas in het team?

14
Grand Prix van België

Circuit de Spa-Francorchamps – 28 juli 2024

Voor het raceweekend in België woedt er nog een klein binnenbrandje bij Red Bull. Want in de pers verschijnen suggesties dat Max' chagrijn op de boordradio in Hongarije misschien wel zijn oorzaak vindt in het feit dat hij tot drie uur 's nachts heeft zitten simracen. Moet Red Bull dat wel toestaan? Helmut Marko hint dat er restricties zijn opgelegd door het team. Max wuift het weg. 'Ik vertel hun toch ook niet wat zij mogen doen in hun vrije tijd? Ik ben drie keer wereldkampioen, dus ik weet heus wat ik wel en niet kan doen. Er staan nu ook geen simraces meer op het programma.' Het weekend zelf begint voor Max met een stap achteruit: de motor die in Canada de geest gaf is niet meer bruikbaar, zodat hij een motor meer zal moeten gebruiken dan de vier die zijn toegestaan. Een extra motor betekent tien plaatsen achteruit op de grid. Die straf neem je op een circuit waar inhalen relatief wat makkelijker is; dus niet in Hongarije of Monaco, maar op Spa-Francorchamps. Nog niet zo lang geleden zou niemand zich zorgen hebben gemaakt, die tien plaatsen maakte Max wel weer goed in de race. In 2023 won hij de race vanaf startplaats zes, in 2022 zelfs vanaf plaats veertien. Maar of dat in 2024 nog kan?

McLaren moet hiervan zien te profiteren. Op vrijdag zijn ze meteen snel. Het type circuit lijkt niet meer van invloed, McLaren is overal snel. Op zaterdag regent het. Stroll crasht op de Raidillon, een gevaarlijke plek. Gelukkig wordt zijn vaart voldoende geremd in de uitloopzone. Ook de kwalificatie vindt plaats in de nattigheid. De grip op het lange circuit wisselt echter, je moet zorgen op het juiste moment op de baan te zijn. Tegen het eind van Q2 gaan de tijden plots omlaag. Iedereen komt snel de baan op voor een verbetering. Pérez haalt de laatste sessie met de hakken over de sloot: drie duizendsten blijft hij voor op Albon. Mercedes zit er goed bij, na een waardeloze vrijdag. 'Er is vannacht goed doorgewerkt in de simulator,' weet Hamilton. In de regen is Max sneller dan iedereen. Het circuit voelt als zijn tweede thuis, en in deze omstandigheden excelleert hij. In Q3 vliegt hij naar de snelste tijd, in de wetenschap dat hem dat slechts de elfde startplaats op zal leveren. Het is het derde jaar op rij dat hij de snelste trainingstijd rijdt, en niet vooraan mag starten. Leclerc is tot zijn eigen verbazing als tweede geëindigd en erft zo de pole. Pérez staat morgen naast hem op de eerste rij, Hamilton en Norris erachter. 'Het klikte niet vandaag,' aldus Norris.

De start op Spa is altijd tricky. Er is een korte run naar het oog van de naald: de hairpin van La Source. Dringen. Zorgen dat je niemand raakt, maar toch graag een paar plaatsen proberen te winnen. Vorig jaar dacht Piastri nog een zee van ruimte te zien aan de binnenzijde, waarna hij Sainz, die de bocht al aan het nemen was, midscheeps ramde. Leclerc is veruit het beste weg als de lichten uitgaan. Achter hem schuift Pérez onmiddellijk naar rechts om Hamilton voor te zijn, maar ook Hamilton is goed gestart en dwingt de Red Bull meteen weer naar de buitenzijde – overtuiging, charisma. De beide McLarens volgen, zij aan zij. Iedereen kijkt goed uit in La Source. Pérez moet over de kerbs bij het uitkomen van de bocht. Norris wil geen risico nemen en pakt ook ruimte aan de buitenzijde. Hij let echter niet goed op, schuift op de kerbs en gaat met twee wielen door het grind – even is de snelheid weg en Russell en Sainz zijn al voorbij. Omlaag gaat het langs de oude pits, door de knik van Eau Rouge en weer omhoog over de Raidillon. Leclerc voorop, dan Hamilton, Pérez, Piastri, Russell, Sainz, Norris, Albon, Alonso, Max. Boven op de Kemmel kruipt Pérez naar Hamilton toe, de Mercedes-coureur geeft echter geen krimp. Russell zet zich in de chicane van Les Combes naast Piastri, maar ook Piastri houdt de deur potdicht, Russell moet zelfs even naast de baan, net als Albon onder druk van Alonso en Max. Alonso is erlangs. Omlaag naar Rivage, door de kuil van Pouhon en de slingers van Fagnes en Stavelot. Vervolgens volle bak over Blanchimont, een flauwe knik naar links, driehonderd plus. Max komt naast Albon, zij aan zij vliegen ze de ex-busstop-chicane in, rechts-links, Max aan de buitenkant en daarna aan de binnenzijde er voorbij. Albon laat keurig ruimte, hij weet dat hij Max toch niet achter zich kan houden.

In de tweede ronde passeert Max ook Alonso. Hij ligt nu direct achter zijn concurrent voor de titel. Een ronde later pakt Hamilton de leiding in de race. Geholpen door DRS gaat hij Leclerc op de Kemmel simpel voorbij. Vanaf nu let iedereen op de banden. Max blijft steken achter Norris. In het treintje voor hem heeft bijna iedereen DRS dankzij een auto voor zich: Piastri, Russell, Sainz en Norris. In de elfde ronde beginnen de bandenwissels. Russell en Max zijn de eersten, gaan van medium naar hard. Nog drieëndertig ronden te gaan, dat wordt zoals verwacht een tweestopper. Een ronde later halen Hamilton, Pérez en Piastri nieuwe banden. Russell rijdt voor Piastri als deze de baan weer op komt – de undercut is gelukt. Maar in Les Combes zet Piastri Russell weer opzij. Leclerc is de volgende aan de pits. Sainz is doorgereden, hij is op de harde band gestart. Ook Norris, op mediums, rijdt door. Piastri passeert ook Pérez. De winnaar van Hongarije is los. Norris overduidelijk niet. Wanneer hij zijn pitstop maakt, valt hij terug tot achter Max. Ook de banden van Sainz raken stilaan op, na een schuiver door het grind komt ook hij binnen. Hamilton leidt, voor Leclerc, Piastri, Pérez, Russell, Max en Norris.

Halverwege de race passeert Russell Pérez op de Kemmel. Checo is niet happy met zijn banden en stopt opnieuw voor een wissel. Ook Leclerc stopt voor een tweede keer. Even later meldt Russell zich op de radio: 'Denk na over één stop.' Blijkbaar is hij wel tevreden over de staat van zijn banden, misschien kunnen ze mee tot het einde van de race. Een ronde later stopt Hamilton. Piastri aan de leiding, gevolgd door Russell. Max en Norris halen nieuwe banden en in de dertigste ronde is Piastri aan de beurt. Russell rijdt door. Hij gaat het doen. Een sensatie hangt in de lucht. Alle data en simulaties worden te kijk gezet: de tweestopstrategie leek het snelst en veiligst, een éénstopper, die de teams ongetwijfeld ook bekeken hebben, leek niet te doen. De werkelijkheid is mogelijk anders.

Het wordt een race tussen de twee Mercedessen. Russell op zijn oude harde banden en Hamilton erachter op versere rubbers. Het verschil is zeven seconden met nog dertien ronden te gaan. Natuurlijk gaat Hamilton sneller. 'Hoeveel harder moet ik gaan? Is het zo genoeg om hem te verslaan?' vraagt hij. 'Het is close...' antwoordt Bono. Achter Hamilton nadert Piastri, die Leclerc opzij heeft gezet met een fraaie actie in Les Combes. Piastri heeft wat tijd verloren omdat hij te ver doorreed in de pits, net als Norris in Engeland. Norris heeft inmiddels Pérez ingehaald, maar Max krijgt hij niet te pakken.

Een halve, soms bijna een hele seconde per ronde rijdt Hamilton sneller dan Russell. Met nog vier ronden te gaan zit hij binnen DRS-afstand. Echter ook in de vuile lucht. Heeft Russell zijn banden ontzien voor deze fase, zodat hij zich nog kan verdedigen? Piastri sluit aan. Steeds zorgt Russell ervoor dat hij een goede exit heeft uit La Source, zodat Hamilton op de Kemmel niet dichtbij genoeg kan komen. En zo redt hij het, tot op de finish. Een sensationele zege! Hij heeft iedereen verrast met een strategische meesterzet. Het doet denken aan de eerste zege van Gerhard Berger en Benetton in Mexico 1986, toen hij iedereen verraste door op één setje banden de race uit te rijden (pitstops waren toen niet verplicht). Juichend draait Russell bij La Source terug de pits in. 'De bandenfluisteraar!' prijst Toto Wolff hem via de radio. Toch lijkt Wolff helemaal niet blij, had hij liever dat Hamilton won? Het was een close finish: de eerste drie binnen 1,1 seconden – dat is sinds 2016 niet meer voorgekomen. Achter het eerste drietal komen ook Leclerc, Max en Norris vlak achter elkaar over de finish. Voor Max missie voltooid, zelfs weer wat uitgelopen in de tussenstand. 'Maar de dagen dat ik van achteruit zo naar voren kon rijden zijn wel voorbij.'

Nadat de bekers zijn uitgereikt en de bubbeltjeswijn in het rond is gespoten, volgt de domper. De auto van Russell wordt te licht bevonden. In het bijzijn van Mercedes-teamleden wordt de auto nogmaals gewogen op twee verschillende weegschalen: 796,5 kilogram, dat is anderhalve kilo te licht... Dat betekent diskwalificatie. De zo bijzondere zege wordt ongeldig verklaard. Hamilton wordt de winnaar van de race. Het Mercedes-team heeft geen idee hoe dit kan. Vooraf wogen de auto's van Hamilton en Russell bijna evenveel, er zat nog geen halve kilo tussen. Hoe kan het? Er is niks van de auto afgevallen, er ontbreken geen onderdelen. De verklaring komt uiteindelijk neer op een optelsom. Omdat Russell maar één keer stopte is de tweede set banden veel meer afgesleten. Als dat per band 375 gram is, heb je al anderhalve kilo. Ook de plank onder de auto is verder afgeschuurd en Russell blijkt tijdens de race meer gewicht verloren te hebben dan normaal. Coureurs worden na de race meteen gewogen en hun gewicht wordt bij de auto opgeteld. Tot slot is er na Spa ook geen volle uitrijronde, waarin de coureurs doorgaans stukjes rubber van de baan oppikken om het gewicht voor alle zekerheid nog wat te verhogen. In Spa keren de auto's aan het eind van de pitstraat om en rijden vanaf daar door de pits terug naar het parc fermé. Mercedes rekent voor dat Russell van het ondergewicht nauwelijks voordeel heeft gehad, maar regels zijn regels. Botte pech.

Stand:
Verstappen 275
Norris 197

*

De zomerstop begint. Vier weken geen Formule 1, om de werkdruk op het circus te verlagen. De fabrieken van de teams, ook de motorafdelingen, moeten twee weken verplicht op slot. Voor de monteurs, die het hardst moeten werken, is het waarschijnlijk echt vakantie, maar ik denk dat heel wat ingenieurs gewoon thuis in de bijkeuken verder gaan – er zijn wereldtitels in het geding! En natuurlijk staat de transfercarrousel niet stil. Het jaar 2024 is één lang silly season. In Engeland werd al bekend dat Oliver Bearman volgend jaar voor Haas gaat rijden, en vlak voor de race in België maakt Haas ook zijn teamgenoot bekend: Ocon. Magnussen moet op zoek naar een ander stoeltje. En de spoeling wordt dunner. Zeker wanneer Sainz bekendmaakt dat hij in 2025 racet voor Williams. Er bleef niet veel meer voor hem over. Ook omdat Mercedes eigenlijk alleen naar Max lonkte en nooit eens zijn naam liet vallen. Voor Williams is het een geweldige stap. Dat Albon een groot talent is, is zeker, Sainz is echter een winnaar, met een schat aan ervaring. Het team wil een grote sprong vooruit maken en zich weer voorzichtig mengen met de topteams. Voor Sainz is het een gok, om niet te zeggen een flinke stap achteruit. 'Ik teken bij een team dat me de grootste kans op de wereldtitel biedt,' zei hij nog aan het begin van het seizoen. De achterstand van Williams is nog altijd levensgroot. Te groot.

Red Bull laat weten dat het beroep in de zaak-Horner is afgewezen. En voor de duizendste keer wordt bevestigd dat Pérez de rest van het seizoen mag blijven. Had hij niet net voor twee jaar bijgetekend? Ook Ricciardo mag voort na de zomer. Red Bulls *Sporting Director* Jonathan Wheatly maakt echter bekend dat hij aan het eind van het seizoen vertrekt. Opnieuw verliest Red Bull een vooraanstaand lid van het team. Begint het team toch echt af te brokkelen? Wheatley was al achttien jaar in dienst en van groot belang in de communicatie met wedstrijdleider Masi tijdens de ontknoping in Abu Dhabi 2021. Hij wordt teambaas bij Audi.

Bij Alpine blijft het rommelen. Teambaas Famin, vorig jaar na een massaontslag door Renault naar voren geschoven, vertrekt. En het gerucht gaat dat Alpine ook niet verder wil met de Renault-motor. De hand van Flavio Briatore, de omstreden teammanager uit de tijd van Schumacher, ooit verbannen na de racefix in Singapore 2008 en sinds kort adviseur bij Alpine, wordt al zichtbaar. Weg met alle remmende Franse betrokkenheid – het team in Enstone moet terug naar de basis. Eind augustus maakt het team bekend dat reservecoureur Jack Doohan, zoon van de legendarische motorcoureur Mick Doohan, in 2025 het tweede zitje in zal nemen. Weet Newey eigenlijk al wat hij gaat doen?

In de zomerstop plan ik ook altijd mijn vakantie. Op de Wadden, weg van de drukte en het geraas. Even helemaal op nul. Stilte voor de storm, want wanneer ik terugkeer en de auto's op Zandvoort weer de baan op gaan, begin ik aan dit boek. De jaarlijkse inhaalrace, dag in dag uit knallen. Maar op vakantie even geen Formule 1. Natuurlijk, tijdens de afwas komen mensen die me kennen naar me toe, bezorgd dit keer: 'Gaat Max het nog wel redden dit jaar?'

15

Grand Prix van Nederland

Circuit Zandvoort – 25 augustus 2024

Na de zomerbreak gaat het Formule 1-seizoen verder in Nederland, op Zandvoort. De echte thuisrace voor Max. De race die er dankzij hem is gekomen en waarvan hij tot nu toe alle edities heeft gedomineerd. Het is de vraag of Max in Zandvoort het tij al kan keren. Hebben de ingenieurs in hun bijkeuken de oplossing gevonden? De duinen kleuren weer hoopvol oranje. Red Bull heeft echter maar een paar kleine upgrades voor de auto: aan de spiegels, de halo en de kap over de motor. Dat klinkt niet naar de nodige gamechangers. Zulke dingen gaan ook niet zo snel. McLaren komt met een nieuwe achtervleugel, die in de langzame bochten beter moet werken. Het is de eerste echte upgrade sinds de zege in Miami. Norris is meteen de snelste in de eerste vrije training. Het seizoen gaat voort zoals het in België werd afgesloten. Bezorgde gezichten in de pitbox van Red Bull. 'We zijn te langzaam,' aldus Max. 'Te langzaam over één rondje en te langzaam in de long runs. Werk aan de winkel.' Op zaterdag regent het. De favorieten doen voorzichtig aan, Gasly is de snelste, gevolgd door Magnussen. Sargeant rijdt voor de zoveelste keer een Williams plat. Als hij de Hunzerug op rijdt, blijft hij te lang op de kerbs aan de buitenkant. De rood-witte stenen gaan over in gras, en met één wiel in het natte gras gaat de auto draaien. Een overduidelijke rijdersfout. Sargeant verliest de controle en de Williams slaat achterstevoren aan de overkant van de baan tegen de vangrail. De snelheid is hier hoog, de klap hard. Tollend komt hij midden op de baan terecht. De rechterachterkant is volledig vernield. Overal komt rook uit. 'Ben je oké?' vraagt zijn engineer over de radio. Sargeant laat weten dat hij in orde is. Russell rijdt voorbij en roept over de radio dat de coureur snel uit de auto moet klimmen, want hij staat in brand. Sargeants engineer ziet het ook op de on-boardbeelden en maant zijn coureur meteen uit de auto te springen. De vlammen slaan uit de achterkant van de Williams. Marshals zijn ter plaatse. Code rood is al gegeven. De auto is zo zwaar beschadigd dat Sargeant niet mee kan doen in de kwalificatie.

De kwalificatie is droog. Hamilton en Sainz blijven steken in Q2. In de laatste sessie domineert McLaren. Norris voor Piastri. Max laat het er echter niet bij zitten. In de laatste run gaat hij vol in de aanval. Je ziet hoe hij de Red Bull bij de kraag pakt en over de baan sleurt, hier en daar vol over de kerbs, het maximum eruit persend. Op de oranje tribunes houdt iedereen de adem in. Max is sneller onderweg dan Norris, twee tienden. Maar een paar tellen achter hem rijdt Norris zelf nog sneller. In de laatste sector laat Max wat liggen; toch is hij op de streep vijfenveertig duizendsten sneller dan Norris. Gejuich en meteen gespannen blikken naar de grote schermen. Daar komt Norris aan. Hij schaaft er nog eens drie tienden af – een geweldig rondje. Ook Piastri is nog onderweg, bijna even snel als Max, maar op de meet komt hij een tiende tekort. Max en Norris morgen naast elkaar op de eerste rij. Een veelbelovend affiche. Na afloop wordt Albon, die zich als achtste heeft gekwalificeerd, gediskwalificeerd. De vloer van zijn auto is te breed. Bij Williams snappen ze er niks van. De nieuwe vloer is op de fabriek talloze keren gemeten, en ook hier op het circuit. Dat gebeurt overigens niet meer met rolmaatjes of met mallen zoals vroeger. De teams gebruiken tegenwoordig een scanner – een wit kastje dat regelmatig voor de auto wordt geplaatst om alles op te meten. De scanner van de FIA is echter onverbiddelijk.

Er zijn op vrijdag en zaterdag wel wat lege plaatsen te zien op de tribunes. Volgens de organisatie komt dat door het mindere weer. Of is de magie toch een beetje tanende? De kaartverkoop in het buitenland vlot ook nog niet. Zandvoort heeft tot en met 2025 een contract met de FOM (Formula One Management). De toekomst is onzeker. Besprekingen over het verlengen van het contract zijn gaande. De FOM is lovend over de organisatie, over het geweldige verkeersplan en alle duurzaamheidsmaatregelen, alsook over de festivalsfeer, die als voorbeeld dient voor diverse andere Grands Prix. Maar het draait natuurlijk om de financiën. Er is in Nederland geen overheid die tien jaar garant wil staan. Er is al geopperd om de race om het jaar te organiseren, om en om met Spa bijvoorbeeld. Want ongetwijfeld zullen er weer races in Europa moeten wijken voor lucratievere bestemmingen elders. Wordt vervolgd.

Op zondag stroomt het circuit weer gewoon vol. Verwachtingsvol. Vrolijk. Voorprogramma's allemaal prima. Meedeiners tussendoor om de stemming erin te houden. Maar pas in de middag begint het echte werk. Norris op pole, Max naast hem. Het is Norris tot nu toe steeds niet gelukt om vanaf poleposition de leiding te pakken. In Spanje en Hongarije werd hij beide keren afgetroefd. Als er in de interviews naar wordt gevraagd, reageert hij wat kribbig. Bij de start in Zandvoort gaat het opnieuw niet goed. De reactietijd van Max en Norris is exact gelijk: 0,28 seconden. De auto's schieten weg. In de volgende fase accelereert de Red Bull echter veel vloeiender, de McLaren lijkt heel even aan een elastiek te zitten en verliest kostbare meters. Het lijkt dus vooral aan de auto te liggen. Waarom hebben ze daar nog niks aan gedaan? Max draait als eerste de Tarzanbocht in. Het gejuich overstemt de motoren. Het publiek voelt hoe Max moet knokken. Achter elkaar duiken ze door de Gerlachbocht de Hugenholtzbocht in en razen de Hunzerug over, door de Slotemakerslingers naar het Scheivlak. Een prachtig gezicht. Het klassieke stukje Zandvoort, dat hier al sinds 1947 ligt. Max, Norris, Russell, Piastri, Leclerc, Pérez, Gasly, Alonso, Sainz, Stroll, Hülkenberg, Tsunoda, Hamilton, Bottas, Ricciardo, Ocon, Albon, Sargeant en Zhoe. Magnussen rijdt erachteraan; hij is vanuit de pitstraat gestart omdat hij van alles aan de auto heeft laten veranderen. Opnieuw gejuich als Max voorop uit de eerste ronde komt. Norris volgt op gepaste afstand, dat is beter voor de banden. In de volgende ronden werkt Sainz zich naar voren en ook Hamilton maakt plaatsen goed. Max pakt anderhalve seconde. Groter wordt de voorsprong echter niet en vanaf de twaalfde ronde begint Norris weer in te lopen. Binnen een paar ronden zit hij vlak achter de Red Bull. Aan het eind van de zeventiende ronde vliegt hij Max, geholpen door DRS, eenvoudig voorbij, pal voor de tribunes. Max heeft geen verweer. Hij draait nog even mee aan de buitenzijde door de

Tarzanbocht, maar ziet vervolgens Norris voor zich door de Gerlachbocht en de Hugenholtzbocht rijden. De McLaren is gewoon veel sneller. De fans weten het. En Norris gaat er meteen vandoor: twee, drie, vijf seconden voorsprong pakt hij. Geen houden aan.

Leclerc is de eerste die een pitstop maakt. Eén stop is waarschijnlijk genoeg vandaag. In de volgende ronden volgt de rest. Als Max stopt reageert Norris een ronde later. Geen kans op een undercut. Leclercs vroege stop werkt wel: als iedereen binnen is geweest voor nieuwe banden, ligt hij op de derde plaats voor Russell en Piastri. Piastri gaat Russell weer voorbij, maar slaagt er daarna niet meer in om Leclerc te passeren. Vooraan verandert er weinig. Norris loopt weg. Tien, vijftien seconden. Max rijdt zijn eigen race, voor de tweede plaats. Schadebeperking. De wedstrijd is niet het spektakel van vorig jaar en het wordt geen extatisch Oranjefeest zoals alle voorgaande jaren. Toch blijft het gezellig. De Formule 1 is altijd een belevenis en het verschil is straks nog altijd eenenzeventig punten. Norris is ook geen gemene aartsvijand. Nog niet. En ook in Nederland heeft hij een grote schare fans. Norris wint uiteindelijk met tweeëntwintig seconden voorsprong. Op het allerlaatst rijdt hij ook nog even de snelste ronde van de race, voor een extra punt. Hij laat wel zien dat het hem menens is, voor de resterende negen races.

Stand:

Verstappen	295
Norris	225

*

Norris heeft gereden als een kampioen. Op de start na. Maar wanneer je zoveel sneller bent, dan zet je dat in de race eenvoudig recht. Je vergeet bijna dat het pas zijn tweede Grand Prix-zege is. En dit keer kwam er geen gelukje met de safetycar bij kijken. De zomerpauze, vertelt Norris in Zandvoort, heeft hij gebruikt voor een mentale 'reset'. Hij was nog niet op het niveau van een kampioen, vond hij. Hij maakte te veel foutjes. Dat klopt. In China gleed hij bij de start van de sprint naast de baan, in Imola had hij in de eerste stint dichter bij Max moeten blijven, in Canada hadden het team en hijzelf doortastender moeten reageren op het veranderende weer, in Spanje verknalde hij zijn start en in Oostenrijk liet hij in de sprint de deur wagenwijd open. In Engeland en België waren er foutjes kort na de start, in Engeland ook nog een slechte pitstop. Over Hongarije hebben we het maar niet. Veel momenten aan het begin van de race. Het lijkt erop dat Norris zich te veel laat meeslepen, te opgewonden is. Zie ook zijn commentaar bij de kwalificaties in China en Spanje. Voor iedere race is hij hypernerveus, bekent hij. 'Ik krijg geen hap door mijn keel en zelfs drinken gaat moeilijk.' Het past bij de extraverte, emotionele persoon die Norris is. Wat een verschil met de superrelaxte Max. Toen hij in Japan 2014 zijn allereerste vrije training ging rijden liep vader Jos de hele nacht te ijsberen, terwijl Max prinsheerlijk lag te slapen.

Die foutjes moeten eruit, vindt Norris. Hij heeft ook de neiging om alleen naar die missers te kijken. 'Zo zit ik in elkaar, ik ben altijd kritisch op mezelf, ik zie vooral wat er niet goed gaat. Dat is nu eenmaal mijn manier.' Teambaas

Stella, die in de zomer voor meerdere jaren heeft bijgetekend bij McLaren, bevestigt het beeld. 'Voor Lando is het glas altijd halfleeg. Het is zijn stijl: hij is zeer kritisch op zichzelf en daar ook heel open over.' Volgens Stella heeft Norris echter alles in huis om wereldkampioen te worden. 'Hij presteert nu al op het niveau van sommige kampioenen waarmee ik in het verleden gewerkt heb. Natuurlijk kunnen er altijd dingen beter. Bijvoorbeeld vlak na de start de balans houden tussen aanval en uit de problemen blijven. De start zelf kan beter, dat is echter ook een opgave voor het team. In Canada en Engeland had het team ook beter moeten reageren, dan hadden we nu meer punten gehad. Maar we geven niet op. Het gat is groot en we jagen wel op Max, die gaat het ons niet makkelijk maken.' Op de vraag of McLaren Norris nu dan ook de voorkeur gaat geven als de nummer één in het team, antwoordt Stella wat wollig. 'Praten over een nummer één in het team vind ik geen goede benadering van het racen. Wij staan voor eerlijkheid en integriteit en we bekijken het van geval tot geval. Als Lando kampioen wil worden moet hij op dit hoge niveau blijven presteren. Hij moet gewoon hard gaan.'

16

Grand Prix van Italië

Autodromo Nazionale Monza – 1 september 2024

In de eerste vrije training op Monza brengt Mercedes eindelijk het grote talent Kimi Antonelli. Achttien jaar oud, Italiaan – je vraagt je af waar ze zijn voornaam vandaan hebben. Op zijn vijftiende al een opvallende racer in de Formule 4. Het jaar erop met overmacht kampioen in twee F4-series. Kampioen in de Formula Regional en dit jaar actief in de Formule 2, waar na een moeizame start de overwinningen beginnen te komen. Kortom, een kroonprins in de dop. Zodra het licht op groen gaat, stuift Antonelli de baan op. Nieuwsgierig en geamuseerd kijken de Formule 1-volgers toe. Ze zien hoe de jongen vol door het koninklijke park raast en onmiddellijk een haarscherpe tijd laat noteren. Een tijd waar heel wat coureurs in deze openingsfase niet aan komen. Even later begint Antonelli aan een tweede run. Na zijn inrijronde gaat opnieuw het gas erop. Jakkeren. Je ziet dat hij snel is. Je ziet het ook aan de tijd. Hij gaat nog sneller rond. Tot in de Parabolica de auto onder hem wegglipt en hij van de baan tolt. Monza eist ontzag. Met een flinke klap – 42G meldt het team later – belandt de Mercedes in de tecpro-barrier. Schade. Antonelli is in orde. Toto Wolff stelt hem via de radio gerust: 'Kimi, all good. All good, Kimi.'

Het hoort erbij, vindt Wolff, de jongen is druistig, hij moet nog leren dat de zachte band een hele ronde mee moet. Je hoort en ziet aan alles dat Antonelli Wolffs nieuwe oogappel is. Iedereen gaat weer over tot de orde van de dag. Bij Williams ook een debutant. Het is genoeg geweest met de crashes van Sargeant. Voor de rest van het seizoen wordt hij vervangen door Formule 2-coureur Franco Colapinto, uit Argentinië. Colapinto komt uit de eigen opleiding, en is de vaste simulatorcoureur. Het is goed dat hij als simcoureur ook wat ervaring op de echte baan opdoet, aldus teambaas Vowles. Volgend jaar hebben ze immers Sainz naast Albon. Max is de snelste in FP1, gloort er hoop? In de tweede vrije training is hij slechts veertiende. 'We hebben wat dingen uitgeprobeerd. We moeten leren hoe de auto werkt.' Het zijn teksten die je in de jaren hiervoor alleen bij de concurrentie hoorde. Red Bull lijkt het helemaal kwijt.

Op zaterdag wordt bekend dat Antonelli volgend jaar voor Mercedes rijdt. Als Wolff Max niet krijgen kan, zet hij in op een nieuwe Max. In de paddock waarschuwt Nico Rosberg de twee beoogde Mercedes-coureurs: 'Denk aan je toekomst, want Toto wil nog altijd Max.' Mercedes is de snelste in FP3, Hamilton voor Russell. In de afvalrace van de kwalificatie blijven ten slotte de tien snelste coureurs uit 2024 over: de acht coureurs van de vier topteams, McLaren, Red Bull, Ferrari en Mercedes, aangevuld met Albon en Hülkenberg. En binnen die tien wijst Monza de nieuwe orde aan: McLaren boekt een *front-row-lockout*, Norris voor Piastri. Mercedes bezet de tweede rij, Ferrari de derde. Allemaal binnen twee tienden van een seconde. Rij vier is voor Red Bull, Max op bijna zeven tienden... Morgen is de race.

Norris op pole. Lukt het hem nu dan wel om in alle opwinding van de start de leiding te pakken? Om tien voor half drie verlaten de auto's de pits, verkenningsrondjes. Als ze via de pits rijden kunnen ze meerdere rondjes doen. Intussen stellen de teams zich met de nodige toeters en bellen (banden, computers, pluggen, gereedschap, ventilatoren en kisten vol droog ijs) op op de startgrid. Na een tijdje verschijnt de een na de andere auto achteraan de grid. Daar wachten de monteurs al, zetten de auto op de dolly's en duwen hem naar zijn gridslot, de startpositie. Coureurs stappen uit, gaan nog even terug naar de pitbox, of naar het toilet. Rond de auto's zwermen nu de uitverkorenen, de vips, de gasten, de journalisten, camerateams, producers. Het nationale volkslied wordt luidkeels meegezongen, straaljagers vliegen laag over, laten de nationale driekleur achter. Daarna moet iedereen de grid verlaten, coureurs stappen in, sommigen met een krukje of trapje. De monteurs vertrekken als laatste, stekkers en ventilatoren gaan van de wagens af, de dekens van de banden, de auto gaat op de grond. Als twee lichten op groen gaan, begint de opwarmronde. Norris voorop. Als ze terugkomen uit de Parabolica stellen de auto's zich twee aan twee op. Tussen de tribunes en de pits. Ik weet het, ik heb het al eerder geschreven, Monza is mijn favoriet. De races mogen soms saai zijn, en Liberty Media mag er te weinig festival aan vinden, dit is Formule 1 in zijn meest pure staat. Dit is de kathedraal van de snelheid, hier hebben Nuvolari en Fangio gestaan, Ascari en Hawthorn, Clark en Surtees, Stewart en Ickx, Lauda en Regazzoni, Peterson en Villeneuve, Prost en Senna, Schumacher, Alonso (hij staat er nog!), Vettel en nu staan daar Hamilton en Max. Gaat Norris zich in dit rijtje scharen?

Als de lichten uitgaan is Norris het snelste weg. Hij pakt de leiding, schuift diagonaal de baan over en zet zijn McLaren voor die van zijn teamgenoot. Zowaar. Piastri kruist naar de buitenkant, blokt Russell, die stevig moet remmen en rechtdoor gaat bij de chicane, zigzaggend tussen de blokken door en voorzichtig de baan weer op – hij verliest uiteindelijk vier plaatsen. Norris gaat als eerste door de chicane. Een tikkeltje te wild, even moet hij corrigeren, Piastri zit meteen vlak achter hem. Door de Curva Grande. Norris, Piastri, Leclerc, Sainz, Hamilton, Max en Russell. Op weg naar de volgende chicane komt Piastri aan de buitenzijde naast Norris. Bij de chicane remt Piastri een fractie later dan zijn teamgenoot en met een neuslengte voor stuurt hij in naar links. Norris houdt in, zijn wagen glijdt opzij. De McLarens raken elkaar nét niet. Piastri redt ook de tweede bocht, naar rechts, en pakt zo de leiding. Een pittige inhaalmanoeuvre! Norris – het momentum weg – krijgt vervolgens ook Leclerc naast zich. De Ferrari moet even met twee wielen door het gras en glipt in de volgende bocht, Lesmo 1, binnendoor. 'Ik geloof mijn ogen niet!' roept commentator David Coulthard uit. En met hem miljoenen volgers. In plaats van een solide één-twee rijden de McLarens nu één en drie, met de man die vecht om de titel op drie. 'Je hebt Oscar nodig,' teemde Norris' engineer Will Joseph nog in Hongarije. Iedereen staat perplex. Het doet denken aan het gemodder van Ferrari in 2018, toen Vettels laatste titelaspiraties aan flarden gingen door een onnodig gevecht met teamgenoot Räikkönen in dezelfde chicane. De race gaat intussen genadeloos voort. Ook dat is Monza. Volle bak. Hülkenberg en Ricciardo botsen voor de Ascari-bocht, stof en zand waait op. Piastri voor Leclerc,

Norris, Sainz, Hamilton, Max, Russell en Pérez, zo komen ze uit de eerste ronde. Weer heeft Norris zijn poleposition niet verzilverd. Even bijkomen. Het stof op laten trekken en de banden managen.

Russell is de eerste die stopt voor nieuwe banden. Norris probeert in ronde 14 een undercut op Leclerc. Hij stuift de pits in, gaat op het allerlaatst vol op de rem, net voor de lijn waarachter je nog maar tachtig mag. Rook komt van de banden, hij raakt zelfs het signaalbord. Allemaal net oké. Leclerc reageert en stopt een ronde later, maar komt toch achter Norris de baan weer op. Leclerc is ontevreden: 'Waarom zijn we gestopt, waarom laten we ons undercutten?' Een ronde later stopt Piastri. Hij blijft Norris en Leclerc net voor. De verschillen zijn klein. Als iedereen zijn pitstop heeft gemaakt, rijdt Piastri weer aan de leiding. Leclerc lijkt de McLarens op te jagen. Norris rijdt de snelste ronde. Zijn engineer meldt zich op de radio: Norris mag het gevecht met Piastri aangaan. '*Papaya rules*,' voegt hij eraan toe. Wat zijn papaya rules? Papaya is de kleur waarin de McLarens racen. Het is de kleur die Bruce McLaren in 1967 voor zijn CanAm-auto's koos, en omdat ze meteen succesvol waren, in 1968 ook introduceerde in de Formule 1. Gaandeweg maakte het oranje plaats voor sponsorkleuren, maar sinds 2018 rijdt McLaren weer in papaya-oranje. Ongetwijfeld wordt er met papaya rules bedoeld dat de twee McLaren-coureurs niet tegen elkaar aan mogen rijden. Piastri rijdt vervolgens een paar maal de snelste ronde. Niks gevecht. De verschillen blijven gelijk. Vuile lucht, aan de banden denken. Er zal ongetwijfeld nog een pitstopronde volgen. Intussen heeft Magnussen bij een al te optimistische inhaalpoging in de tweede chicane Gasly van de baan getikt – hij krijgt een tijdstraf van tien seconden, en waarschijnlijk ook twee strafpunten op zijn rijbewijs, wat betekent dat hij voor de volgende race wordt geschorst.

Wie houdt zijn banden het langst goed? Norris niet. Op zijn voorbanden zijn donkere strepen zichtbaar: tekenen van slijtage. Hij glijdt ook een paar maal naast het asfalt. Leclerc komt eraan. Norris gaat opnieuw naar de pits. Piastri krijgt de vraag of één stop misschien mogelijk is. Hij denkt van niet. Even later wisselt ook hij zijn banden voor de tweede keer. De tifosi juichen: Ferrari aan de leiding, Leclerc voor Sainz. En ze rijden door. Nog vijftien ronden te gaan. Ze kunnen het nu proberen, de race uitrijden met één pitstop. Als de banden het niet houden vallen ze waarschijnlijk terug tot achter de McLarens, als ze nu een pitstop maken ook. Hamilton volgt inmiddels op grote achterstand. Gaat Ferrari hier McLaren verrassen? Piastri nadert Sainz. Sainz worstelt meer met de banden dan Leclerc. Hij maakt het Piastri nog eventjes lastig, tot de Australiër zich onorthodox, op weg naar Ascari, langs de Ferrari wurmt. Nog acht ronden te gaan. Het verschil naar Leclerc is elf seconden. Piastri is sneller, maar niet snel genoeg. Leclerc houdt vol. Het publiek naast de baan schreeuwt hem naar de finish. Norris passeert ook Sainz. Gaat McLaren nu nog een teamorder geven? Het lijkt er niet op. Leclerc wint, dankzij een spectaculaire eenstopstrategie. Wat Russell flikte in Spa, flikt Ferrari op Monza. Straks wel even goed wegen. Heel Italië juicht. De klokken luiden in Maranello. Als alle auto's binnen zijn, gaan de hekken open en bestormen de uitzinnige tifosi het circuit, op weg naar het podium. Winnen in een Ferrari op Monza, dan pas weet je waarom je autocoureur geworden bent, zei Gerhard Berger ooit. 'Het voelt weer net zo als in 2019,' straalt Leclerc. Monaco en Monza gewonnen, zijn seizoen kan niet meer stuk.

Na afloop wordt er vooral druk nagepraat over de papaya rules. Zak Brown legt uit: het is hard racen, tegen elkaar, maar *clean*, zonder elkaar te raken of van de baan te duwen. Maar konden ze niet beter andere teamorders uitvaardigen? McLaren heeft een mogelijke één-twee-zege verspeeld, ze hadden vandaag een grote hap uit de voorsprong van Max kunnen nemen. Max is als zesde geëindigd. Als antwoord wijst Brown op de stand in het constructeurskampioenschap, waarin ze goede zaken hebben gedaan. Interviewers en analisten rollen met hun ogen. Intussen zitten de twee McLaren-coureurs ontgoocheld bij de persconferentie. Norris lacht voor de zoveelste keer als de kiespijnboer, wanneer hem wordt gevraagd of de inhaalactie in de eerste ronde wel binnen de papaya rules paste. Hij weet het wel. 'Als ik een meter later rem, liggen we er allebei af.' Toch blijft hij diplomatiek. Natuurlijk zouden teamorders fijn zijn geweest. 'Maar ik ben hier niet om iemand te smeken mij voorbij te laten. Ik ben hier om te racen en Oscar had gewoon een betere race dan ik.' Ook Max sombert. De strategie was niet goed, de pitstop ging fout, er was een probleem met de motor, er is kortom een hoop werk te doen. Gevraagd naar wat er nu moet gebeuren antwoordt hij: 'Zo'n beetje de hele auto veranderen.'

Stand:

Verstappen	303
Norris	241

*

Hoe is het mogelijk? Hoe is het mogelijk dat de auto die aan het begin van het seizoen de McLarens nog op veertig seconden reed, in Zandvoort op meer dan twintig seconden achterstand eindigt, en op Monza zelfs niet verder komt dan een zesde plaats? 'We hebben de auto in een paar maanden tijd veranderd van een dominante auto in een monster,' aldus Max. De Red Bull RB20 is totaal uit balans. Volgens Horner is Monza het dieptepunt. 'Er is geen connectie meer tussen de voor- en achterkant van de wagen. Max kan niet vertrouwen op de achterkant. Maar als je dat wilt oplossen verg je weer meer van de banden. Het is een vicieuze cirkel: iedere oplossing creëert weer een nieuw probleem.'

In de zomer werd nog gesuggereerd dat Red Bull misschien in een grijs gebied heeft geopereerd met het asymmetrisch verdelen van de remkracht over de wielen. Dat was in wezen verboden, maar in de zomerstop heeft de FIA dit nog eens ondubbelzinnig verduidelijkt. Red Bull ontkent. De problemen spelen natuurlijk ook al van voor de zomer. De meest voor de hand liggende verklaring is dat de concurrentie dichterbij is gekomen en dat Red Bull onder deze druk met de ontwikkeling van de wagen een verkeerde weg is ingeslagen. Zodat problemen die volgens Horner vorig jaar al speelden, pijnlijk aan het licht zijn gekomen. Voortdurend zie je bij de teams upgrades die niet goed werken: voor Aston Martin in Imola, voor Ferrari in Spanje. De ground-effect-auto's zijn complex en hypergevoelig. Zo gevoelig dat dingen die je bedenkt en meet in de windtunnel op het circuit soms anders uitpakken. Het is een van de lastige dingen, aldus Horner. 'Je werkt eigenlijk met drie sets data: die van de CFD (*Computational Fluid Dynamics* – het computerontwerp), die van de windtunnel, en die van op het circuit. Het is of je op drie horloges tegelijk de tijd moet aflezen. Maar de tijd op het circuit telt, en als die niet klopt met wat je meet in de windtunnel...'

De eerste windtunnel werd al in 1871 in Engeland gebouwd door Francis Herbert Wenham. Een stoommachine dreef de propeller aan die de wind door een buis blies. Wenham experimenteerde met vleugels voor zweefvliegtuigen, dromend van toekomstige vliegmachines. Ook de gebroeders Wright gebruikten rond 1900 windtunnels voor modellen van hun eerste vliegtuigen. Een eeuw geleden ging men af en toe ook windtunnels gebruiken voor auto's – er werd daarbij niet gedacht aan snelheid maar vooral aan het benzineverbruik. In de racerij was aerodynamica lange tijd nattevingerwerk. Tot in de jaren zestig lieten constructeurs zich op het circuit nog weleens vastbinden op een auto om te kijken hoe wollen draadjes zich gedroegen in de rijwind. Toen de aerodynamica begin jaren zeventig de gouden sleutel tot snelheid en succes bleek, begon ook de Formule 1 windtunnels te gebruiken. En die werden in de loop der jaren steeds beter. Nu, met de ground-effect-auto's, zou de meest geavanceerde windtunnel weleens doorslaggevend kunnen zijn. Teams houden hun tunnelgeheimen natuurlijk voor zich. Red Bull werkt echter met een vliegtuigtunnel die nog stamt uit 1946! Jarenlang was dit blijkbaar goed genoeg. Nu niet meer? Red Bull zegt te bouwen aan een nieuwe tunnel, die in 2026 klaar moet zijn. Het team met de meest recente windtunnel in huis is McLaren. Is dit het geheim achter hun sprong voorwaarts? Mogelijk hebben zij in hun tunnel de tools om het ground-effect nog beter te doorgronden. Met het ground-effect is bijvoorbeeld de vloer van de tunnel van groot belang geworden. De hypersensitieve auto's reageren immers op ieder hobbeltje. Er wordt gefluisterd dat teams niet meer met een gladde metalen ondergrond werken, maar met rubber, waarmee alle oneffenheden op het circuit kunnen worden nagebootst; er zouden zelfs 3D-printers voor de nabootsing van het wegdek worden gebruikt.

Ferrari heeft in de zomer alle windtunnelwerk stilgelegd om een grote verbouwing door te voeren, Aston Martin heeft de nieuwe eigen tunnel zo goed als klaar. Moet Red Bull wachten tot 2026? Vanaf dat seizoen wordt de motor weer veel belangrijker, toch zullen de aerodynamica en zeker ook het hypersensitieve ground-effect een grote rol blijven spelen. De windtunnelrace is nog lang niet voorbij.

17

Grand Prix van Azerbeidzjan

Baku City Circuit – 15 september 2024

In de week voor de Grand Prix van Azerbeidzjan is er groot nieuws: Adrian Newey tekent bij Aston Martin. Papa Stroll heeft het ontwerpgenie gestrikt. Dinsdag voor de race vindt er een pompeuze, door Aston Martin georganiseerde persconferentie plaats waarop Newey tekst en uitleg geeft. Newey vertelt dat hij al snel besloot niet met pensioen te gaan, omdat hij merkte hoe graag iedereen met hem wilde samenwerken. Ook Lawrence Stroll, die hij regelmatig trof in de hotelgyms, deed hem een lucratief aanbod. Een tour door de gloednieuwe fabriek van Aston Martin gaf de doorslag. 'Het is er prettig, warm en er hangt een sfeer van creativiteit.' Aston Martin staat aan het begin van een groot avontuur, en zo was het volgens Newey ook toen hij destijds bij Red Bull binnenstapte, en bij Williams en McLaren. Een andere reden voor zijn keuze is Lawrence zelf. 'Hij is nog een echte ouderwetse teambaas, zoals Ron Dennis en Frank Williams dat waren.' Niet onbelangrijk: Newey wordt ook aandeelhouder. Williams weigerde dat destijds, waarop Newey zijn biezen pakte. Als 'overall technical leader' bij Aston Martin gaat hij alle technische zaken overzien, en verdient daarbij naar verluidt dertig miljoen dollar per jaar.

Lawrence Stroll noemt het tijdens de persconferentie 'een koopje'. Waarschijnlijk heeft hij gelijk. Als het klikt zal dit een enorme wissel trekken op de toekomst van het team en de Formule 1. Aston Martin is er klaar voor. Een nieuwe fabriek, met een nieuwe windtunnel, een exclusief contract met motorleverancier Honda, diverse van andere teams overgekomen ervaren krachten en nu het genie Newey. Hij is het laatste stukje van de puzzel, aldus Stroll. Eerlijk gezegd denk ik dat er nog één stukje ontbreekt, en het zou me niets verbazen als dat er voor 2026 nog aan wordt toegevoegd. Max.

Eerst 2024. Bij McLaren heeft men nog eens over de race in Monza nagedacht. Misschien was het allemaal toch niet zo slim en was die inhaalactie van Piastri in de eerste ronde niet echt volgens de papaya rules. Vanaf nu zullen ze meer inzetten op Norris en de strijd om de titel voor de coureurs. Dat betekent niet automatisch dat Piastri de tweede rijder wordt, men blijft het van geval tot geval bekijken. Het zou dus kunnen dat men Piastri een keertje vraagt om Norris te hulp te schieten. Het blijft vaag. Piastri bevestigt desgevraagd dat hij bereid is om Norris te helpen. Al hangt het af van de omstandigheden in de race, vult hij aan. 'Wie het snelste is tijdens een weekend, die verdient ook te winnen.' Dat vindt Norris ook. Het zijn ongemakkelijke interviews, je ziet iedereen koorddansen, terwijl er toch gewoon een wereldtitel op het spel staat... 'We willen werken aan een solide basis voor de komende jaren, 2025, -26, -27,' aldus Stella. Maar nu is het 2024. Gaan ze het anders aanpakken als beide McLarens weer naast elkaar op de eerste startrij staan? Piastri glimlacht wat moeizaam: 'Ik denk van wel, ja.'

Magnussen ontbreekt in Azerbeidzjan. Hij is geschorst na zijn twaalfde strafpunt binnen een jaar. Onder de rijders heerst wat verontwaardiging, want zo erg was die botsing met Gasly toch niet? Er gebeuren wel ergere dingen. Ze vergeten dat K-Mag al tien strafpunten had staan, het is gewoon een optelsom van te veel incidenten. Bearman is zijn vervanger. Max is de snelste in de eerste vrije training. In de volgende vrije trainingen komt hij echter niet verder dan plaats vijf. Ferrari en McLaren maken opnieuw de dienst uit.

Gedurende het weekend raakt het stratencircuit steeds meer ingerubberd, de tijden worden sneller. Veel teams wachten daarom lang om een goede tijd neer te zetten in Q1. Maar dan is het slot ineens hectisch. Max moet trappen om door Q1 te komen. Hij raakt de muur in de snelle bocht 15, maar redt het met een zesde tijd. Piastri is ook maar net op tijd. Norris is weggezakt tot plek zeventien wanneer hij aan zijn laatste run bezig is. En die run gaat niet echt lekker. In bocht 16 gaat hij te wijd en op het lange rechte stuk naar de finish rijdt Ocon, met schade op weg naar de pits – hij heeft ergens onderweg de muur geraakt. Ocon rijdt uiterst links, ver van de racelijn, maar een marshal acht de situatie toch gevaarlijk en zwaait met geel, precies wanneer Norris nadert. Norris moet liften, snelle ronde naar de maan. 'Ik kreeg geel,' meldt hij, 'kan ik nog een ronde doen?' 'Nee, kom maar naar de pits... Het spijt me,' antwoordt zijn engineer. Norris blijft steken in Q1; morgen vertrekken vanaf plaats zeventien. Juist nu er eindelijk is beslist om hem te steunen in zijn titeljacht. Het team heeft gefaald door hem zo laat pas op pad te sturen, op een stratencircuit kan altijd iets gebeuren. Al moet Norris ook naar zichzelf kijken. Hij had ook door kunnen rijden, om mogelijk nipt Q2 te bereiken, om daarna eventueel die vrij onnodige en zeer kortstondige gele vlag aan te vechten. Wie weet bleef het bij een waarschuwing en anders vijf plaatsen terug, of tien desnoods. Achteraan staat hij nu toch al. Om kampioen te worden moet je doorknallen, niet te braaf zijn. McLaren protesteert nog tegen de gele vlag. Te laat. Niks aan te doen. Geen twee McLarens op de eerste rij. In de beslissende sessie pakt Leclerc voor het vierde jaar op rij in Baku poleposition. Piastri naast hem. Max staat op plek zes. Niet best. 'De auto springt overal op, de wielen komen los van het asfalt, dan kun je op een stratencircuit niet tot de limiet gaan.' Een geruststelling: hij staat elf plaatsen voor Norris.

De start is voor Leclerc. Royaal aan de leiding steekt hij de eerste bocht in, haaks naar links. Ook Pérez is goed weg vanaf plaats vier. Voor het eerst in tijden is hij in de kwalificatie sneller gegaan dan Max. Checo is altijd goed hier in Baku, tweevoudig winnaar zelfs. In bocht 1 probeert hij Sainz al te passeren, maar Sainz, aan de buitenzijde, geeft niet af. In de volgende bocht wurmt Checo zich alsnog binnendoor. Leclerc, Piastri, Pérez, Sainz, Max, Russell. In de achterhoede is Norris, als enige coureur van de topteams, gestart op de harde band. Hij heeft meteen drie plaatsen goedgemaakt. Op de harde band hoopt hij lang door te kunnen rijden, en wie weet komt er dan ergens een gunstige safetycarfase. Na acht ronden passeert hij Bearman in de Haas en ligt inmiddels tiende, alweer in de punten. Even later beginnen de bandenwissels voor de coureurs die op de mediumband gestart zijn. Alonso, Max, Russell. Achter Albon, die ook op de harde band begonnen is, schuift Norris op. Vooraan is de volgorde nog altijd: Leclerc, inmiddels ruim vijf seconden voor Piastri, Pérez en Sainz. Vanaf ronde 13 komen ze binnen; eerst Pérez, die zo een undercut op Piastri probeert. Checo komt de baan weer op achter Norris. Meteen vraagt Norris' engineer of hij Pérez eventjes op kan houden, zodat Piastri een pitstop kan maken, zonder dat Checo voorbijkomt. 'Hoelang?' 'Alleen deze ronde.' Net even wat langzamer gaat Norris door de laatste bochten, waar Pérez er toch niet langs kan. Pérez voelt het meteen: 'Die – piep! Hij houdt me op!' Piastri staat intussen in de pits en komt nét voor Pérez de baan weer op. Wie helpt nou wie? Een ronde later volgt Leclerc, om de undercut van Piastri af te slaan. Dat moet lukken. Piastri rijdt echter een geweldige outlap. Als Leclerc terugkeert op de baan is er van zijn voorsprong nog maar anderhalve tel over. Vanaf de pitmuur wordt Piastri gewaarschuwd: in de vuile lucht dicht achter de Ferrari zullen de banden sneller slijten. Piastri heeft echter andere plannen. Hij kruipt naar de Ferrari toe, tot in DRS-bereik, en aan het eind van de negentiende ronde komt hij op start-finish van ver op gelijke hoogte aan de binnenzijde van Leclerc. Extreem laat remmen, hij haalt de haakse bocht maar net en rijdt nu voor Leclerc. Voorbij de bocht schiet Piastri meteen naar links om Leclerc aan de binnenkant de pas af te snijden. Piastri aan de leiding! Voor Leclerc en Pérez. Sainz volgt al op elf seconden, daarachter rijden Albon en Norris, die nog naar de pits moeten. Rondenlang heeft Norris het aan de stok met Max, maar ondanks zijn nieuwere banden komt Max er niet langs. Vooraan is het close. Leclerc houdt Piastri binnen DRS-bereik, maar de koelbloedige Australiër geeft geen krimp. Halverwege de race waagt Leclerc een aanval. Op start-finish, DRS open, kruipt hij naar de McLaren toe, tot pal onder de achtervleugel. Piastri schiet opzij om de slipstream te breken, tegelijk houdt hij de binnenkant goed dicht. Leclerc kiest de buitenkant, maar Piastri snijdt vervolgens de bocht ruim aan en houdt zo de buitenkant potdicht. Dat is verdedigen. Aanval afgeslagen. Drie ronden later nog eens. Leclerc dringt aan, maar Piastri houdt alle ruimtes gesloten, schuift na de eerste bocht opnieuw stevig naar links, pal voor de Ferrari, opdat Leclerc maar weet dat er vandaag niets te halen valt. Inmiddels is ook Pérez aangeschoven. Iedereen zit op het puntje van de stoel. En ziet hoe de twee leiders volle bak vanuit de snelle kasteelsectie omlaag komen gestormd, om vervolgens fors tegensturend door bocht 16 te driften, het rechterachterwiel vol over de kerbstones, keurig achter elkaar, als in een ballet. Hoe mooi kan Formule 1 zijn. Piastri houdt vol.

Norris heeft zijn banden gewisseld en gaat op zijn verse mediums weer op zoek naar Max, die hem nu voorbij is. Max zelf is intussen ingehaald door Russell. Met nog tien ronden te gaan is de volgorde: Piastri met Leclerc in zijn kielzog, Pérez toch weer iets verder weg, Sainz, Russell, Max en Norris. Met grote stappen komt Norris dichter bij Max. Met nog drie ronden te gaan haalt hij hem eenvoudig in. Max koerst daarop naar de pits voor een nieuwe set banden, in een poging om het punt voor de snelste ronde te scoren. Dat punt is nu voor Norris, en Max weet het: ieder punt telt. Vooraan raken Leclercs banden op. Hij heeft Piastri los moeten laten en krijgt nu Pérez en Sainz in zijn spiegels. Pérez ruikt zijn kans. Op start-finish komt hij met DRS dichterbij, remt laat en gaat Leclerc aan de buitenkant voorbij. Maar ook Leclerc remt laat, laat de Ferrari staan en neemt de bocht binnendoor als eerste. Pérez moet liften en ziet tot zijn schrik hoe Sainz binnendoor suist. Sainz komt bijna op gelijke hoogte met zijn teamgenoot. Hij moet daarom wijd door bocht 2 en krijgt zo Pérez weer naast zich. Maar voor hij kans krijgt Pérez te zien, raken de wielen elkaar en schuiven de auto's op hoge snelheid in elkaar gehaakt naar links tegen de afzetting. Een stevige crash. De hoek is gunstig, alleen blikschade. Pérez zit vloekend en tierend in de auto, Sainz is stomverbaasd over wat er is gebeurd. Het was ongelukkig, centimeterwerk, maar Checo had het beste zicht en links van hem was nog genoeg ruimte... Gele vlaggen en vervolgens virtual safetycar. Max kan die snelste ronde vergeten. De race eindigt onder de virtual safetycar. Piastri wint zijn tweede Grand Prix, voor Leclerc en Russell.

Stand:

Verstappen	313
Norris	254

*

Dankzij de zege van Piastri en de vierde plaats van Norris gaat McLaren voor het eerst sinds Australië 2014 weer aan de leiding in het kampioenschap voor de constructeurs. Destijds was de race in Australië de opening van het seizoen en na afloop stonden er twee McLaren-coureurs op het podium, onder wie het debuterende megatalent Kevin Magnussen. Daarna nam Mercedes voor jaren de macht over, gevolgd door Red Bull. De strijd dit jaar is nog lang niet beslist. McLaren staat nu op 476 punten, Red Bull op 456 en Ferrari op 425.

Het constructeurskampioenschap bestaat sinds 1958. De eerste winnaar was het merk Vanwall, uit Groot-Brittannië.

De puntenverdeling is gelijk aan die van het kampioenschap voor coureurs. Tot 1978 werden alleen de punten van de hoogst scorende auto meegeteld, daarna telden alle behaalde punten mee. Ferrari, met zijn lange geschiedenis, behaalde veruit de meeste constructeurstitels: 16. Williams scoorde er 9, Mercedes en McLaren elk 8. Lotus, dat in 1994 ophield te bestaan, behaalde 7 titels, Red Bull staat op 6. Op persoonlijke titel kan niemand tippen aan Newey: twaalfmaal behaalden zijn auto's de titel bij de constructeurs. Het constructeurskampioenschap heeft nooit het aanzien van het coureurskampioenschap gekregen, maar voor de kleinere teams is de competitie van groot belang. Aan de eindstand is een flink bedrag aan prijzengeld verbonden; een plaats hoger of lager scheelt al snel tien miljoen dollar. Voor de grote teams, die doorgaans bovenaan eindigen, is het mooi meegenomen, maar voor teams als Williams, Sauber of Haas maakt tien miljoen een groot verschil.

Wanneer een constructeur het goed doet en zijn auto's plots sneller gaan, volgen er al snel verdachtmakingen. Heeft het team niet stiekem ergens een foefje, of een gaatje in het reglement gevonden dat ze het nodige voordeel geeft? Denk nog maar even aan de plotselinge snelheid van de Ferrari's in 2019. Ferrari bleek 'geheel per ongeluk' de meting van de gemaximaliseerde brandstoftoevoer te kunnen verstoren. Nadat de FIA dit verbood was alle snelheid verdwenen. De affaire werd begin 2020 subtiel onder het tapijt geveegd.

Al jaren gaat het bij mogelijk gesjoemel om het verbuigen van de vleugels, voor of achter. De zogenaamde flex wings. Voor de race in Azerbeidzjan hebben Red Bull en Ferrari samen al om een onderzoek gevraagd naar het doorbuigen van de voorvleugels van Mercedes en McLaren. Beelden van onboardcamera's laten nogal grote verschillen zien. Het bodywork van Formule 1-auto's, waaronder de vleugels, wordt gemaakt van koolstofvezel. Het materiaal wordt in laagjes gebakken en de grote kunst is deze laagjes op de beste manier op elkaar te stapelen. De vleugels krijgen zo bijvoorbeeld enige elasticiteit. En dan kan een vleugel bij hoge snelheid een beetje omlaag buigen, waardoor de auto minder luchtweerstand ondervindt en dus nóg sneller kan; in de bochten buigt zo'n vleugel dan weer keurig terug. De FIA meet de elasticiteit altijd bij stilstand, en alle auto's zijn door de test gekomen. Ook na het extra onderzoek op verzoek van Red Bull en Ferrari vindt de FIA niets onreglementairs. 'Dan gaan wij het ook zo doen,' moppert Horner.

Het buigen van de achtervleugels wordt al een paar jaar streng in de gaten gehouden. Op alle vleugels staan stippen, die door de onboardcamera's worden gezien en geen millimeter te ver mogen verschuiven. Maar in Azerbeidzjan is er iets anders aan de hand met de achtervleugel van McLaren. De naar achteren gerichte onboardcamera's op de auto van Piastri laten zien dat het DRS-gedeelte van de achtervleugel op hoge snelheid een heel klein beetje kiert. Daar kan lucht doorheen, het is volgens de concurrentie een soort mini-DRS. Iedereen klaagt: vals spel! Nu weten we waarom ze zo hard gaan. En waarom Leclerc maar niet voorbij Piastri kwam. 'Het is duidelijk wat daar gebeurt,' aldus Max. Volgens McLaren is er niks onreglementair en heeft het team er ook geen voordeel van. Toch gebiedt de FIA om het euvel te herstellen. Constructeurs zijn altijd op zoek naar de grenzen van hun ontwerp, van het materiaal en van het reglement. Wie had het laatst in Oostenrijk nog over een grijs gebied?

18

Grand Prix van Singapore

Marina Bay Street Circuit – 22 september 2024

Pal voor de Grand Prix in Singapore komt FIA-president Ben Sulayem met een nieuwe richtlijn: het vloeken in de Formule 1 moet worden beperkt. Vooral via de boordradio's, met name vanuit de cockpit, hoort hij nogal veel ongepaste taal. Formule 1-coureurs, stelt hij, zijn geen rappers. Rappers gebruiken zo'n beetje in iedere zin het f-woord, volgens hem. Dat hoort niet in de Formule 1; coureurs zijn idolen, hebben een voorbeeldfunctie, met name voor kinderen. Alle coureurs trekken hun wenkbrauwen op. Het vloeken gebeurt iedere sporter in het heetst van de strijd. Op de persconferentie spreekt Max zijn verbazing uit. 'Iedereen vloekt. De een wat meer dan de ander. In geen enkele andere sport lopen mensen met microfoons op. Wij wel. Je kunt ook besluiten om het niet uit te zenden.' En die voorbeeldfunctie? 'Kinderen gaan op den duur toch wel vloeken. Zo erg is het toch niet?' Omdat hij tijdens dezelfde persconferentie het f-woord heeft gebruikt om de staat van zijn auto te omschrijven, moet hij zich even later melden bij de stewards: wegens ongepast taalgebruik tijdens de persconferentie krijgt hij een nader te bepalen taakstraf opgelegd. Nu roeren alle coureurs zich. Ze vinden het schandalig. Ze zijn geen robots. 'Je haalt het rauwe uit de sport weg,' vindt Norris. 'Belachelijk,' zegt Hamilton, 'ik zou die taakstraf mooi niet doen.' Al vindt hij wel dat er minder gevloekt mag worden. Net als Alonso. Max is boos. Op de volgende FIA-persconferenties geeft hij alleen nog korte ja- en nee-antwoorden, om vervolgens buiten de zaal de verzamelde pers op een gewone manier te woord te staan. De coureursvakbond, de GPDA (Grand Prix Drivers Association), zal met de FIA in gesprek gaan over het conflict. Je kunt voorstellen dat er minder gevloekt wordt, maar je kunt het toch niet gaan verbieden en bestraffen? Max laat nog weten dat dit soort dingen van invloed zijn op zijn toekomst in de Formule 1. 'Ik ben in een fase van mijn carrière dat ik geen zin meer heb om de hele tijd met dit soort dingen te dealen. Ik word er doodmoe van.' Het zijn niet alleen de coureurs die er iets van vinden. Wanneer Toto Wolff zich boos maakt omdat Horner heeft gesuggereerd dat Russell binnenkort weleens voor Red Bull zou kunnen rijden, zegt hij: 'Horner werpt iedere keer weer shit op.' Is dat dan geen ongepast taalgebruik? 'Dat zijn excrementen, dat is iets heel natuurlijks. Het gaat niet over een interactie tussen personen, maar over naar het toilet gaan – ik denk wel dat ik dat kan beargumenteren tegenover de stewards.'

Intussen gaat het op de baan niet geweldig met Red Bull. En ook niet met Mercedes. 'Niks werkt,' klaagt Hamilton. Bij Red Bull werd het verwacht. Singapore ligt ze niet, het is de enige race in 2023 die verloren ging. Geen balans. Geen grip. Diverse malen worden de sessies onderbroken omdat leguanen van de baan gehaald moeten worden. De track invaders blijken verrassend snel. Dat McLaren snel is verrast niemand meer. Ook in de kwalificatie staan ze steeds bovenaan. In Q1 behoort Ricciardo tot de afvallers, hij lijkt er flink door aangedaan. Maar het zou dan ook zomaar eens zijn laatste raceweekend in de Formule 1 kunnen zijn. 'Het hele jaar door zijn er deadlines,' zegt hij. 'Ik weet hoe het werkt.' Na Singapore gaat Red Bull naar verluidt opnieuw in beraad over de line-up van beide teams. Lawson is veelvuldig in beeld. Dus ook Pérez staat weer onder druk, hij blijft steken in Q2.

Singapore blijft een genot voor het oog: scheuren langs de oude koloniale gebouwen, langs het water, over de stalen brug. Monaco in de nacht. De auto's scheren vlak langs de muren, soms wordt zelfs een stuk van de reclame afgeschuurd. Max glijdt als een skater over een kerbstrook. Af en toe schiet iemand een uitloopzone in. Maar niet overal is uitloop. Sainz heeft pech; in de zeer snelle laatste bocht *snapt* de auto onder hem vandaan en achterstevoren slaat hij in de tecpro. Rode vlag. Als de baan weer vrij is, is er nog tijd voor één run. Norris is de snelste. Even staat Hamilton tweede – 'De auto kwam eindelijk tot leven!' – dan wordt zijn tijd verbeterd door Max. De titelpretendenten naast elkaar op de eerste rij. Zo hoort het.

Norris op pole. Dit keer is hij echt het beste weg en pakt gedecideerd de leiding. Hamilton, als enige gestart op de zachte band, komt nog naast Max, de wielen raken elkaar, maar Max blijft voor. Achter hen wringt Colapinto zich met een wereldstart naast een groepje auto's, zodat ze vier dik door de bocht moeten; dat gaat niet. Aan de buitenzijde is zijn teamgenoot Albon de klos: hij raakt naast de baan en verliest vier plaatsen, Colapinto wint er drie. Norris, Max,

Hamilton, Russell, Hülkenberg, die Piastri verschalkt heeft, Alonso, Leclerc, Colapinto en de rest. In bocht 7 gaat Piastri Hülkenberg weer voorbij. Norris leidt ook na de eerste ronde. De ban is gebroken. Al snel is hij ook buiten DRS-bereik voor Max. Hamilton moet als eerste naar de pits en komt daarna tussen het verkeer terecht. Verkeerde strategie, geeft Mercedes toe. Op de zachte band moet je de mannen voor je zo snel mogelijk voorbij – hoe had hij dat moeten doen? Norris loopt weg. Na tien ronden ligt hij vijf seconden voor. Op de McLaren staat geen maat vandaag. Maar toch: concentratie blijft vereist. In de negenentwintigste ronde verremt Norris zich bij bocht 16 en op een haar na ramt hij de tecpro met zijn voorvleugel. Meteen gaat hij naar de pits om banden te wisselen en te laten kijken naar eventuele schade. De vleugel is ongeschonden. Geluk gehad. Omdat Max een ronde eerder al gestopt is, blijft Norris aan kop. Hamilton knokt zich weer naar voren. Piastri blijft lang doorrijden en haalt daarna op versere banden de beide Mercedessen in. Nog eens scheert Norris pal langs de afzetting, waar Russell er vorig jaar af ging in de slotfase. De voorsprong is inmiddels enorm: dertig seconden. Norris klokt ook nog even de snelste ronde, voor een extra punt. Aan het slot doet hij duidelijk kalmer aan en finisht uiteindelijk als eerste met twintig seconden voorsprong op Max. Schadebeperking. Op de radio zegt Horner: 'Heel goed gedaan. Je hebt alles eruit gehaald, we verliezen maar acht punten op Lando.' En dan corrigeert hij zich: 'O, je oude maat Daniel heeft zojuist de snelste ronde gereden.' 'Dank je, Daniel,' klinkt het vanuit de cockpit.

In de cooldown room achter het podium zien Max, Norris en Piastri fragmenten uit de race terug. Als ze zien hoe

Norris bijna de afzetting raakt, vallen de monden open. Piastri vraagt lachend of dat wel zonder vloeken ging, Norris zegt dat hij het zowat in zijn broek deed en Max suggereert: 'Je kunt ook je remmen gebruiken.' Mooie momenten, racers onder elkaar, zonder haat en nijd.

Stella is wel boos, over het feit dat Ricciardo aan het slot de snelste ronde rijdt. Hij finisht als achttiende en krijgt het extra punt dus niet. Als zusterteam van Red Bull zorgt VCARB (zoals de Racing Bulls inmiddels worden genoemd) zo wel dat Norris minder inloopt op Max. Stella eist een onderzoek. Onze missie is begonnen, zegt hij over de titelstrijd. Beetje laat.

Stand:

Verstappen	331
Norris	279

*

Bij VCARB zijn ze zich van geen kwaad bewust. Echt niet. Toen duidelijk was dat Ricciardo geen resultaat meer kon scoren in de race, hebben ze hem binnengehaald en op de zachte band gezet om hem te laten finishen met een knal: de snelste ronde in de race. Dus het is inderdaad zijn laatste race? Niks is nog officieel. Uitermate slordig. Want zo is er ook geen fatsoenlijk afscheid mogelijk. Ricciardo, achtvoudig Grand Prix-winnaar, befaamd om zijn geweldige inhaalacties, zijn shoey, en vóór alles een van de meest geliefde coureurs op de grid, verdwijnt zo door de achterdeur.

Zelf is Ricciardo helder over die snelste ronde: 'Mogelijk helpt het Max. Als hij straks met één punt verschil wint in Abu Dhabi, krijg ik vast een mooi kerstcadeau.' Als de interviewer hint op zijn afscheid en veronderstelt dat hij daarom misschien lang in de cockpit bleef zitten na afloop, schiet hij vol. De smile verdwijnt en zoekend naar woorden buigt hij het hoofd. 'De cockpit is… is zo vertrouwd voor mij na al die jaren. Het was een vloed aan emoties. Ik wilde het moment goed tot me laten doordringen.'

Ik geloof nog steeds dat Ricciardo alles in zich had om wereldkampioen te worden. Na zijn debuut in de rammelbak van HRT en twee opleidingsjaren bij Toro Rosso, reed hij in 2014 bij Red Bull meteen beter dan zijn teamgenoot, de viervoudige wereldkampioen Vettel. Ricciardo wist dat seizoen als enige de onverslaanbare Mercedessen te verslaan. Maar toen kwam Max. Na Sainz (bij Toro Rosso) was Ricciardo de tweede teamgenoot die werd gekraakt door Max. Ze konden het uitstekend met elkaar vinden; de vele grappige clipjes staan nog wel op internet. Ze waren ook op de baan aan elkaar gewaagd. Max leek echter sneller en toen het team Ricciardo na de botsing met Max in Azerbeidzjan in 2018 niet steunde, wist hij dat hij beter kon gaan uitkijken naar een ander team. Veel opties waren er niet, dus Renault was een gok, een noodsprong. Het pakte niet goed uit. Ondanks dat beroemde podium in Duitsland, met de shoey en een verplichte tattoo (uitkomst van een weddenschap) voor zijn teambaas. McLaren pikte hem op, maar de snelheid leek eruit. Norris deed het beter. Op Monza kwam volgens zijn eigen zeggen de oude furie weer boven en boekte Ricciardo zijn achtste Grand Prix-zege. Zijn laatste, want de furie was niet blijvend. Eind 2022 werd hij à la Sainz ijskoud opzijgeschoven voor de komst van Piastri. Even leek alles voorbij, tot Ricciardo weer opdook als reservecoureur bij

Red Bull. Halverwege het seizoen werd Nyck de Vries door Alpha Tauri op straat gezet, en Ricciardo was zijn vervanger. Had hij het nog? Dan zou hij misschien weer herenigd worden met Max. Met de junior Red Bull viel echter weinig eer te behalen. De ster verbleekte. De smile gelukkig niet.

In Singapore is hij zelf nog uren bezig om van iedereen afscheid te nemen. De hele Formule 1-wereld houdt van hem en vindt het verschrikkelijk. Misschien is het uiteindelijk wel een bevrijding. Ricciardo kan nu lekker gaan racen in Australië met de v8-Supercars en wie weet nog eens in de Amerikaanse NASCAR-serie. Daar was hij als kind al gek van – echt iets voor hem.

19

Grand Prix van de Verenigde Staten

Circuit of The Americas – 20 oktober 2024

Ineens valt er een gat van vier weken in de Grand Prix-kalender. De race in Qatar, vorig jaar nog in oktober, is verplaatst naar december omdat het daar dan minder heet zal zijn. Anders dan in de zomerstop mag in deze vier weken natuurlijk wel aan de auto's gewerkt worden, dus voor Red Bull is het een welkome pauze. Voor de fans is het gewoon desoriënterend. Juist nu het weer spannend is. De zomerbreak zit inmiddels in het Formule 1-bioritme, deze vreemde, plotselinge leegte niet. Kale, Formule 1-loze zondagen zijn het. Eind oktober strijkt het circus gelukkig weer neer in Texas op het Circuit of The Americas – een van de mooiste en leukste circuits, omdat het een bloemlezing is van markante en spectaculaire bochten van over de hele wereld. Het is de eerste race van een heuse Noord-Zuid-Amerikaanse *tripleheader*, drie races in drie weekenden achter elkaar: Amerika, Mexico, Brazilië. Is dit eerste weekend na de break cruciaal voor het wereldkampioenschap? 'Vanaf nu is ieder weekend cruciaal,' aldus Max. De spanning is hoog. Zeker wanneer de FIA voor het weekend bekendmaakt dat er een restrictie komt inzake de vloerplaat. Is er ergens vals gespeeld? Het gaat om de zogenaamde *front bib*, de voorkant van de plaat onder de auto. Teams kunnen de hoogte zelf instellen. Tussen de kwalificatie en de race mag je dat echter niet meer veranderen. Een niet nader te noemen team blijkt een mechanisme te hebben dat mogelijk in het parc fermé simpel, dus stiekem, te gebruiken is om de hoogte bij te stellen: iets lager voor de kwalificatie, iets hoger voor de race. Iedereen kijkt meteen naar McLaren. Komt daar hun enorme sprong voorwaarts vandaan? Maar al snel maakt Red Bull bekend dat zij het zijn. Het systeem is volkomen legaal, aldus het team, de FIA weet ervan, en het is nog nooit illegaal gebruikt. Voor de zekerheid komt er vanaf nu wel een verzegeling op. Op ieder detail wordt gelet. Alles staat op scherp. Ook de psychologische oorlogsvoering wordt van stal gehaald. Max probeert een beetje te stoken door in een interview te stellen dat Piastri eigenlijk veel te goed is om tweede rijder te zijn. Helmut Marko weet zeker dat het Norris aan mentale kracht ontbreekt om wereldkampioen te worden. Zak Brown springt voor zijn coureur in de bres: 'Marko draait de klok over dit onderwerp weer twintig jaar terug.' Brown eist een onderzoek naar dat knopje voor die vloerplaat, het moet te zien zijn waar en wanneer Red Bull het heeft gebruikt. 'Het is overduidelijk een overtreding,' bromt Piastri. Onze tegenstanders zijn paranoïde, laat Red Bull vervolgens weten. *Gloves are off*, schrijft men in Engeland. Max maakt zich nergens druk om, zegt hij. 'Het zou gemakkelijker zijn wanneer we wat meer snelheid hebben. Daar werken we stap voor stap aan. Ik wil natuurlijk kampioen worden, maar zo niet dan niet. Het leven gaat door, zo'n drama is het nu ook weer niet.' Echt niet?

Het is sprintweekend. In de enige vrije training laat Ferrari zien dat zij er ook nog zijn. De strijd om het constructeurskampioenschap ligt open. Leclerc kijkt ook naar die andere stand, hij staat zesentachtig punten achter op Max. Wiskundig is alles nog mogelijk. In de sprintkwalificatie moet Piastri in het eerste deel al afhaken: hij is in zijn snelle ronde over de track limits gegaan. In het bochtige, technische gedeelte tegen het eind van de ronde is dat zo gebeurd. In SQ2 valt Pérez weer eens buiten de boot, zo ook de beide Aston Martins. Mercedes is in de mix. Aan het slot van SQ3 rijdt Max zowaar de snelste tijd, een goed teken. Voor het eerst sinds juni mag hij vooraan beginnen. Heeft Red Bull het lek boven? Naast Max staat Russell. Norris is vierde en baalt: 'We zijn al de hele dag aan het worstelen met de balans en de set-up.'

Bij de start van de sprint op zaterdag stormt Max royaal aan de leiding heuvelopwaarts naar de eerste bocht. Russell is traag en heeft onmiddellijk de twee Ferrari's en Norris in zijn nek. In de bocht moeten de rode auto's zelfs even inhouden om niet tegen de Mercedes aan te rijden, terwijl Norris aan de binnenkant van de bocht voorbij sneakt. Zij aan zij met Russell gaat Norris door bocht twee en drie. Daar heeft hij opnieuw de binnenzijde en raast voor Russell de snelle slingers in. Max, Norris, Russell, Leclerc, Sainz, Hamilton, Magnussen en de rest. Sainz kiest onmiddellijk de aanval. Hij probeert zijn teamgenoot te passeren; zij aan zij gaat het door de bochten, soms ligt Sainz even voor, tot in de volgende bocht Leclerc weer voorbijkomt. In de vijfde ronde is Sainz er echt langs. Hij heeft het tempo, want kort daarna passeert hij ook Russell. 'Mijn linkervoorband is toast,' klaagt Russell. Een ronde later komt ook Leclerc voorbij. Vooraan heeft Norris het moeilijk. Ook zijn banden raken op. Sainz loert al. Bij het ingaan van de laatste ronde valt hij aan in bocht 1. Norris remt laat, de wielen blokkeren, rook komt van de banden en Sainz is voorbij. Ook Leclerc denkt te profiteren, maar Norris gooit de deur dicht, bijna rijdt Leclerc boven op de McLaren. Ongestoord rijdt Max intussen op de overwinning af, eindelijk weer een keer. Voor Sainz en Norris. 'Niet slecht,' lacht Max na afloop. 'Het voelt weer een beetje als vroeger. We zijn eindelijk weer aan het racen.'

In de kwalificatie voor de Grand Prix blijft Hamilton steken in Q1. Mercedes heeft geen idee waar ze met de nieuwe upgrades aan toe zijn. Het slotdeel wordt een duel tussen Norris en Max. McLaren heeft iets aan de auto gewijzigd, Norris krijgt moed ingesproken: 'Vertrouw op de auto, de snelheid komt wel, push niet te veel.' Prompt zet hij een stevige tijd neer. In de laatste run gaat Max in de eerste sector weer sneller, maar dan vliegt Russell van de baan. In de snelle bocht 19 breekt de auto onder hem vandaan en tolt over de uitloopstrook en over het grind in de tecpro-afzetting. Een flinke klap. Gele vlaggen in sector 3, niemand kan zijn snelle ronde nog afmaken. Norris op pole.

In Singapore lukte het Norris om voorop te blijven, maar Amerika is andere koek. In de run heuvelopwaarts is er een zee van ruimte, de eerste bocht is vervolgens weer nauw. Bij de start komt Norris goed weg en schuift meteen op naar links. Hij verzuimt echter zijn McLaren volledig voor de neus van de Red Bull te plaatsen en omdat halverwege de klim de weg nog breder wordt, blijft er aan de binnenzijde ruimte over voor Max, die daar natuurlijk in duikt.

De bocht nadert. Laat remmen. Heel laat. Max heeft een neuslengte voor. Insturen. Met zijn tempo heeft Max bij het uitkomen van de bocht de hele baan nodig. De Red Bull loopt na de apex naar de buitenzijde tot op de kerbs. Norris, naast Max, kan geen kant op en moet om een botsing te vermijden naast de baan. En wanneer twee honden vechten om een been, gaat Leclerc ermee heen. De Ferrari-coureur heeft zonder al te veel spierballenvertoon heel slim de binnenkant gekozen en glipt binnendoor naar de leiding in de race. Norris verliest tempo en moet Max en zelfs Sainz voor laten gaan. Van P1 naar P4. Al snel is hij op de boordradio: 'Het is duidelijk: hij duwde me van de baan. Ik moest opzij om niet tegen hem aan te rijden.' De raceleiding blijft stil; bij het gedrang en geduw in de eerste bochten zien ze doorgaans wat meer dingen door de vingers. Intussen probeert ook Sainz Max te passeren, binnendoor in bocht 12. Dit keer moet Max naast de baan omdat de Ferrari alle ruimte nodig heeft. Sainz geeft de plek echter snel terug: hij is zelf ook naast de baan gegaan, en bij bocht 12 zullen de stewards ongetwijfeld wel ingrijpen. In de volgende slingers probeert Sainz het opnieuw, binnendoor in bocht 14, buitenom in 15, maar Max blijft voor. Leclerc, Max, Sainz, Norris, Piastri, Gasly, Magnussen, Tsunoda en de rest, zo komen ze uit de eerste ronde.

In de volgende ronde spint Hamilton van de baan. 'Dit is me nog nooit gebeurd…' vertelt hij later onthutst. Lawson, inderdaad voor de rest van het seizoen de vervanger van Ricciardo en achteraan gestart omdat zo'n beetje alles behalve het bodywork aan de auto vervangen is, heeft bij de start meteen vijf plaatsen gewonnen en rekent ook af met Alonso, die hem tijdens de kwalificatie nog heeft uitgescholden voor idioot. Ook Russell, gestart uit de pitstraat, rukt op. Als hij Bottas inhaalt in bocht 12, krijgt hij echter een vijfsecondenstraf omdat hij de Sauber van de baan geduwd heeft. Alonso wordt ook voorbijgereden door Colapinto – een nieuwe generatie dient zich nadrukkelijk aan.

Halverwege de race volgen de pitstops. Sainz als eerste. Max en Leclerc een paar ronden later. Ferrari's undercut slaagt: Sainz is Max voorbij. Norris volgt nog later. Opnieuw hoopt McLaren met net iets betere banden aan het slot nog iets te kunnen doen. De volgorde in ronde 41: Leclerc, Sainz, Max, Norris, Piastri, Pérez, Hülkenberg, Russell, Lawson, Gasly, Colapinto. Nog vijftien ronden te gaan. De Ferrari's lijken op een fraaie dubbelzege af te gaan. Daarachter kruipt Norris naar Max toe, tot in DRS-bereik. Bocht 12 is de beste plaats om in te halen. Aan het eind van een recht stuk, waar de snelheid dik boven de driehonderd per uur komt, mag het klepje van de DRS open. De DRS-zone is dit jaar iets korter, maar nog altijd is het snelheidsverschil voor de bocht twintig kilometer per uur. In de zevenenveertigste ronde is Norris dichtbij, hij dreigt aan de buitenzijde, maar komt niet voorbij. Hij neemt echter snelheid mee door de bocht en probeert in de volgende slingers naast Max te komen. Max geeft geen krimp en blijft voorop. In ronde 50 blokkeren de wielen van Max in bocht 12, Norris zit net even te ver weg. Het is op het randje. Norris kiest een andere lijn door bocht 1 om dichterbij te komen, zodat het verschil straks bij bocht 12 kleiner is. In ronde 51 probeert Norris het nog eens aan de buitenkant. Max houdt de deur dicht. Weer neemt Norris momentum mee, kruist in bocht 13 en 14 binnendoor, zij aan zij door 15, waar Max weer de binnenzijde heeft. Nog geeft Norris niet op, maar Max houdt zich precies breed genoeg en vliegt voorop de lange doordraaiende bocht 16 in. Aanval afgeslagen. Nog vijf ronden te gaan. Ronde 52. Opnieuw valt Norris aan voor bocht 12. De McLaren is sneller uit bocht 11 gekomen en komt nu voorbij de Red Bull aan de buitenzijde. Beide remmen laat. Max zelfs iets later, zo gaat hij de bocht niet halen. Alle ruimte heeft hij nodig, net als in de allereerste bocht van de race. Norris moet mee. Beide auto's gaan over de kerbs naast de baan. Norris houdt het gas erop en rijdt voor Max de baan weer op. Wat gaan de stewards hiermee doen? Max meldt zich al op de radio: 'Hij haalde me in buiten de baan.' Dat is inderdaad verboden. Geeft Norris de plek terug? Maar duwde Max Norris niet van de baan? 'Ik reed voorop bij de apex,' meldt Norris. Het team is het met hem eens. 'Hij ging er trouwens ook naast, dus dat is duidelijk,' vult Norris aan. Max dreigt nog even bij bocht 1, Norris is sneller. McLaren besluit de plek niet terug te geven, met het risico van een penalty. En die komt er. In de laatste ronde zijn de stewards eruit: Norris krijgt een vijfsecondenstraf voor het inhalen buiten de baan – *leaving the track and gaining an advantage*. Ruim twee seconden rijdt hij inmiddels voor Max, dat is niet genoeg. Ferrari pakt een eclatante één-twee-zege. Zij waren duidelijk de snelste vandaag. Norris gaat als derde over de meet, maar weet dat Max naar het podium gaat. En iedereen weet dat het laatste woord hierover nog lang niet is gezegd.

Stand:

Verstappen	354
Norris	297

*

In de interviews na afloop houdt Norris vol dat hij juist heeft gehandeld. 'Wij dachten dat we goed zaten, maar het blijkt dus van niet. Toch denk ik dat het wel zo is. Max ging er ook naast. Maar ja, ik maak de regels niet. Max reed heel goed. Het was een gave race zo, een mooi gevecht. Hij verdedigde zich goed, hij deed precies wat hij moest doen.' Later geeft hij nog toe dat het zover niet had hoeven komen als zijn start beter was geweest: 'Bij de start reed ik als een muppet.' Max wil niet veel kwijt over het duel: 'Ik heb er mijn mening over, maar dat zeg ik hier niet. Laat de stewards maar beslissen.'

Het is nooit fijn als de stewards zich met de uitkomst van zo'n schitterend gevecht moeten bemoeien. Alsof de VAR in een voetbalfinale een wereldgoal afkeurt. Maar sinds coureurs niet terugdeinzen voor een botsing, sinds sommigen liever crashen dan verliezen, en sinds het mogelijk is om buiten de baan om te rijden, moeten er grenzen worden gesteld. Het zou bijvoorbeeld beter zijn geweest als er achter de kerbs in bocht 12 een grindbak had gelegen, dan was het waarschijnlijk zo ver niet gekomen. De grindbakken verdwenen destijds omdat een uitloopstrook met asfalt veiliger zou zijn.

De stewards hebben gesproken. Norris heeft ingehaald buiten de baan, dat is duidelijk. Tegelijk had hij ook geen keuze. Max kwam zo hard de bocht in dat hij die nooit ging halen. Ook hij belandde buiten de baan. Norris vermeed een crash. Misschien had Max ook een straf moeten krijgen, omdat hij Norris van de baan duwde. Misschien had Norris er beter aan gedaan de plaats terug te geven.

Dan had hij nog vijf ronden gehad om het te proberen. Wat zeggen de regels?

Er zijn geen regels. Er zijn 'guidelines', richtlijnen. Opgesteld om dit soort controversen te voorkomen of achteraf te kunnen beoordelen. Die richtlijnen zijn min of meer geheim, de coureurs kennen ze en de stewards gebruiken ze. Natuurlijk zijn ze hier en daar ook uitgelekt. Het voornemen is om er na evaluatie in 2025 regels van te maken. Een van de richtlijnen is dat de auto die vooroprijdt in de apex van de bocht, het recht heeft om de lijn door de bocht te kiezen. De tegenstander moet zijn lijn aanpassen. De apex is het meetkundige midden van de bocht. Norris riep over de radio al dat hij voor lag bij de apex. Dat was echter niet zo. Pas in de herhaling is dat echt goed te zien. Norris lag overduidelijk voor bij het naderen van de bocht, dus het is begrijpelijk dat hij dacht dat hij ook de apex als eerste bereikte. Maar Max remde zo laat dat hij net de neus weer voor had bij de apex. Een soort van *divebombing*. Dus volgens de richtlijnen mocht hij de lijn bepalen. Ook al ging hij de bocht zo niet halen. In de richtlijnen staan echter ook regels voor de aanvallende auto en de verdedigende auto en de vraag is: was Max in bocht 12 de aanvaller of de verdediger? Beiden moeten overigens de bocht binnen de track limits nemen, had Max dan een waarschuwing moeten krijgen? Of toch ook een straf? Verwarring alom. Toto Wolff verwijst naar de straf voor Russell: deed hij niet hetzelfde als Max? Max heeft een maas in de wet gevonden, en de Formule 1 is de dupe, jammert de Britse pers, die graag nog even verwijst naar 2021, toen Max op eenzelfde manier verdedigde tegen Hamilton in Brazilië. Max haalt zijn schouders op: 'McLaren is een beetje veel aan het klagen de laatste tijd.' Verschillende coureurs vinden dat Max op z'n minst ook een straf had moeten krijgen. Ze stellen dat ze nu niet meer weten waar ze aan toe zijn. Ze gaan erover praten met de FIA in Mexico.

20

Grand Prix van Mexico City

Autódromo Hermanos Rodríguez – 27 oktober 2024

Een week later gaat de discussie over het duel in Amerika onverminderd voort. Iedereen heeft zo zijn mening. Norris vindt nog altijd dat hij na zijn inhaalactie buiten de baan voor Max mocht blijven rijden. 'Hij ging veel te hard die bocht in. Alleen zo kwam hij het eerst bij de apex, hij ging die bocht nooit halen zo.' Hij verwijt Max niets. 'Max deed wat hij moest doen. De regels kloppen niet.' Volgens Hamilton is het een grijs gebied waarin Max opereert. 'Ik heb dit al zo vaak meegemaakt met Max. Het moet niet kunnen dat je jezelf naar de apex lanceert, naast de baan gaat en toch je plek mag houden. Daar moet iets aan gedaan worden.' Max denkt er anders over. 'Mooi dat mensen blijkbaar mijn gedachten kunnen lezen. Ik probeer altijd de bocht te halen. Met de harde banden was het echter lastig verdedigen. We hebben gezegd dat we stevig gingen racen, dat hebben we ook gedaan. Dat je niet mag inhalen buiten de baan is een duidelijke regel. Dus ik begrijp al het geschreeuw om verandering van de regels niet. De ene keer willen we meer regels, de andere keer minder. De sport raakt overgereguleerd zo. Binnenkort moet ik een heel regelboek meenemen in de cockpit.' McLaren vraagt een review van het incident aan bij de FIA. Het wordt afgewezen, er is geen nieuw bewijsmateriaal. Na de tweede vrije training op vrijdag is er altijd een rijdersbriefing. Daar wordt de zaak in een lange zitting uitvoerig besproken met de FIA. De uitkomst is dat de richtlijnen zullen worden herzien, nog voor de race in Qatar. Russell, voorzitter van de GPDA, is na afloop duidelijk: 'Negentien coureurs zijn het hierover met elkaar eens.'

Tijdens de eerste vrije training op vrijdag krijgen diverse jonge coureurs een kans. In een seizoen dat begon zonder rookies hebben de jeugdige invallers tot nu toe indruk gemaakt. Bearman is zelfs al zeker van een plaats bij Haas, Lawson lijkt definitief op weg naar VCARB of misschien wel Red Bull, en ook Colapinto, vinden steeds meer volgers, verdient een zitje in de Formule 1. Bij Sauber? In FP1 rijden ook Shwartzman, voor Sauber, en Drugovich, voor Aston Martin. Zij worden echter al zo lang als reserverijder aan het lijntje gehouden, dat een zitje steeds onwaarschijnlijker wordt. 'Het valt niet mee,' verklapt F1TV-commentator Jolyon Palmer, die het zelf ervaren heeft. 'Het hele jaar met een headset op in de pits staan en koffie drinken...' Mercedes zet Antonelli weer in de auto, hij doet het rustig aan dit keer. McLaren geeft local hero en Indycar-racewinnaar Pato O'Ward een kans. In de auto van Norris. Albon crasht in bocht 8 en vliegt daarbij tegen de Ferrari van Bearman op. De Williams is zwaar beschadigd, ook de Ferrari (het is de auto van Leclerc) loopt flinke schade op. In de tweede sessie vliegt Russell weer eens van de baan. De snelle slingers op de achterkant van het circuit zorgen voor veel problemen: een beetje te veel kerb en de auto is nauwelijks nog te beheersen. Problemen ook voor Max. De motor maakt voortdurend een raar geluid, en de remmen werken niet. Voor de zekerheid wordt de motor gewisseld. Op zaterdag zijn de McLarens stukken sneller. Sainz volgt op drie tienden, Max al op een halve tel.

Honderdduizend Mexicaanse racefans omzomen het circuit dat is vernoemd naar de gebroeders Rodríguez. Inmiddels is Pérez de meest succesvolle Mexicaanse Formule 1-coureur; toch zal hij nooit de mythische status bereiken van de twee tragisch om het leven gekomen broers. Vorig jaar vergooide Checo nog zijn kansen met een even bizarre als heldhaftige do-or-die-actie in de allereerste bocht van de race. Dit jaar is zijn ster slechts aan het verbleken. 'Max loopt nu tegen de problemen op die ik al tijden heb met de Red Bull,' verdedigt hij zich. Maar waarom scoort hij dan zo weinig punten, terwijl Max nog steeds om het kampioenschap vecht? Checo is heus een goede coureur, maar hij is door Max vermorzeld – hij is niet de eerste. De fans blijven echter even hartstochtelijk achter hem staan en scanderen massaal zijn naam in het stadiongedeelte. Het is eigenlijk jammer dat Red Bull hem nooit deze Grand Prix heeft laten winnen. Dit jaar gaat het zeker niet meer gebeuren. Checo blijft steken in Q1. Net als Piastri, die als tweede man wisselvallig presteert, alsof hij er ineens minder zin in heeft. Tsunoda crasht in Q2. Norris, Sainz en Max staan voortdurend bovenaan. In de beslissende sessie begint Max met de snelste tijd, tot die wordt geschrapt omdat hij in de chicane, bocht 2 en 3, net even met vier wielen tegelijk buiten het asfalt is geweest. Pas in de herhaling is het te zien, er is VAR-precisie bij nodig. Sainz is de snelste. Al het hele weekend doet hij vooraan mee. Norris moet passen. In de slotseconden weet Max er alsnog een snelle ronde uit te persen, sneller dan Sainz. Maar achter hem gaat de ontketende Spanjaard weer sneller en pakt de pole. Voor Max, Norris en Leclerc.

Op zondag wordt er volop gespeculeerd. De start is hier cruciaal. Het is een zeer lange run naar de eerste bocht. De coureurs op de tweede rij kunnen volop profiteren van de slipstream van de wagens voor hen; denk maar aan 2021, hoe Max met een magistrale zwaai buitenom langs de twee Mercedessen als leider in de eerste bocht verdween. Maar dat was Max. Hij staat nu op de eerste rij, plek twee. Bij de start is hij even goed weg als de polesitter. En meteen drukt hij de Red Bull op gelijke hoogte, zodat Sainz geen moment de kans krijgt om hem de pas af te snijden naar bocht 1. Norris lukt dat wel bij Leclerc, die slecht wegkomt. Norris kiest de slipstream van Max, Leclerc schuift naar de buitenkant. Dan vliegt er een auto achterstevoren langs het veld tegen de afzetting. Tsunoda. De Japanner heeft een prima start en probeert Albon te verschalken. Albon moet echter opzij voor Gasly. Het is dringen, centimeterwerk. Als Tsunoda al bijna voorbij de Williams is, raken de wielen elkaar en de VCARB slaat achterstevoren van de baan, tot helemaal achteraan in de uitloopzone. Race over. Safetycar. Tsunoda is oké. Het wrak moet opgeruimd. Ook Albon moet de strijd staken.

Na zes ronden begint de race opnieuw, met een rollende start. Max voor Sainz, Norris, Leclerc, Hamilton, Russell, Magnussen, Hülkenberg, Gasly, Lawson, Stroll, Alonso, Pérez, Colapinto, Bottas, Zhou, Piastri en Ocon. Na drie ronden vindt Sainz het mooi geweest. Hij is sneller dan Max en voor bocht 1, DRS open, komt hij voorbij en pakt de leiding.

Nog even dreigt Max in de chicane, maar Sainz dramt over de kerbs, niet van zins de kop nog af te staan, dit wordt zijn weekend. Een ronde later nadert ook Norris. De Red Bull heeft te weinig tempo. Op weg naar bocht 1 kruipt Norris met DRS onder de vleugel van Max, door de chicane en dan op weg naar bocht 4, opnieuw een DRS-zone. Norris komt langszij en naast elkaar gaan ze op de haakse bocht naar links af. Norris komt aan de buitenzijde iets voor, beiden remmen laat, zo laat dat Max bijna tegen de achterkant van Sainz op rijdt. Opnieuw is er een VAR nodig om te zien dat Norris nu als eerste bij de apex is. Geen van beiden geeft echter af. Max, aan de binnenzijde, neemt de hele breedte van de bocht, zodat Norris bij het uitkomen van de baan moet. Hij gaat over het gras en snijdt zo de volgende bocht af en komt voor Max, en zelfs voor Sainz, de baan weer op. Via de boordradio meldt Norris dat hij de hele bocht vooropreed. Dit keer klopt het. Meteen in bocht 6 laat hij Sainz er weer langs, maar Max niet. Max kruipt snel onder de achtervleugel van de McLaren en komt op weg naar bocht 7 alweer langszij. Het is de eerste van de snelle slingerbochten. Max rijdt aan de binnenkant. Naast elkaar vliegen ze op de bocht af. Max remt later. Veel te hard gaat hij de bocht in en haalt hem niet. Het lijkt een wanhoopsdaad. Norris aan de buitenzijde ontwijkt de Red Bull en moet zo mee de baan af. Stof vliegt op van de banden als ze achter elkaar de baan weer opstuiven. Max voor Norris. Leclerc is al voorbij. Norris is woedend. 'Deze gast is gevaarlijk,' roept hij. 'Ik moest echt een crash voorkomen! Hetzelfde als de vorige keer, man. Ik eindig nog in de muur.' Wat gaan de stewards nu doen? Heel lang hebben ze niet nodig. Al snel komt er een tiensecondenstraf voor Max voor de actie in bocht 4: hij heeft daar Norris van de baan geduwd. Even later volgt er nóg een tiensecondenstraf voor de actie in bocht 7: inhalen buiten de baan. Twintig seconden in totaal, pittig, te incasseren bij de eerstvolgende pitstop.

De race gaat voort. Ferrari een en twee. Norris blijft nu achter Max. Alonso moet opgeven in de pits. Het is zijn vierhonderdste Grand Prix – een mijlpaal, maar een vrolijk feest is het niet. Pérez en Piastri worstelen zich naar voren. Checo stuit op Lawson. Zij aan zij gaan ze door bocht 4, Pérez aan de binnenzijde komt voor de VCARB, maar Lawson laat de auto staan en neemt alle ruimte in bocht 5, zodat ze elkaar een paar maal toucheren. Schade aan de Red Bull. Beide coureurs vloekend en tierend op de radio. De stewards hebben het blijkbaar niet gehoord.

In de zevenentwintigste ronde maakt Max zijn pitstop. Twintig seconden lang moet hij eerst stilstaan, niemand van het team mag de auto ook maar met een vinger aanraken. Dan vallen de monteurs aan om de banden te wisselen. Als vijftiende komt Max de baan weer op. Nog vierenveertig ronden te gaan. Inhaalrace. Vooraan liggen de leiders al een flink stuk uit elkaar. Sainz leidt met zeven seconden voor Leclerc, die eenzelfde marge heeft op Norris. Achter elkaar maken zij hun pitstops. Achter hen vechten de Mercedessen een onderling duel uit. In het begin van de race heeft Russell Hamilton ingehaald; tegen het eind, na een lang gevecht, weet Hamilton Russell weer te passeren. Commentatoren prijzen het mooie, eerlijke duel; maar dit is een gevecht tussen twee teamgenoten, en vooral: er staat geen wereldtitel op het spel. Max raast intussen langs de achterhoede en het middenveld. Het Mercedes-duo krijgt hij niet meer te pakken. Een zesde plaats, meer zit er niet in. Vooraan jaagt

Norris op Leclerc. Hij komt snel dichterbij. Met nog acht ronden te gaan verliest Leclerc heel even, op het moment dat ze onder het stadion door het rechte stuk op razen, de controle. De Ferrari floept onder hem weg en schiet naast de baan. Net op tijd weet Leclerc de auto langs de muur op koers te houden. Het was anders een megacrash geweest. Norris is al voorbij. Zo eindigt de race. Lawson en Colapinto rijden in een duel nog tegen elkaar aan. Tot groot genoegen van Pérez, die het op een van de grote schermen langs de baan heeft zien gebeuren: 'Ha! Diezelfde idioot weer!' Sainz wint. 'Forza Ferrari! Gracias Mexico!' roept hij via de boordradio. Glunderend neemt hij even later de lift, met auto en al, naar het podium. 'Deze zege wilde ik echt, ik had hem nodig. Nog één keer winnen voor Ferrari, voor ik wegga.'

Stand:

Verstappen	362
Norris	315

*

Hoe mooi en emotioneel de zege van Sainz ook is, na afloop van de race gaat het slechts over één ding, of eigenlijk over één persoon: Max, en zijn controversiële rijgedrag in de tiende ronde. In een interview meteen na de race zegt Norris dat hij zoiets wel verwachtte. 'Ik verwacht het liever niet, want ik respecteer Max als coureur, maar ik was voorbereid op zoiets als dit. In mijn ogen was het niet zo netjes.' Max wil er duidelijk niet te veel woorden aan vuilmaken, en stapt ook snel over de straffen heen: 'Uiteindelijk maakt het niet uit of ik het ermee eens ben of niet, die straffen zijn al uitgedeeld. Het was ook niet mijn grootste probleem. Het grootste probleem is dat we niet snel genoeg zijn. Ik kon Ferrari en McLaren niet volgen.' Nu hij zo'n lange straf krijgt, zal hij dingen een volgende keer misschien anders doen? 'Ja, dan neem ik iets te drinken, ik stond lang genoeg stil.'

Veel racers, teams en Formule 1-volgers vinden de straffen terecht. Ook dat Max tien seconden tijdstraf kreeg. Norris kreeg in Amerika vijf seconden, omdat hij uiteindelijk toch ook moest uitwijken voor Max. Zak Brown is het er natuurlijk mee eens. 'Prima, die straffen. Al zal het waarschijnlijk niet genoeg zijn. Het wordt een beetje belachelijk.' Horner probeert met een rits telemetrie-uitdraaien nog te laten zien dat Norris bocht 4 nooit gehaald zou hebben, maar inzake bocht 7 heeft hij weinig verweer: 'Max was gefrustreerd dat Norris de plek niet teruggaf, en dan escaleert het.'

In de dagen die volgen wordt Max meer en meer weggezet als the bad guy. Met name in de Britse pers, die het nieuws over de Formule 1 sinds jaar en dag domineert. En nu Max weer tegen een Britse coureur strijdt, komt ook het chauvinisme boven drijven. 'Ik heb gewoon het verkeerde paspoort,' grijnst Max. 'Het seizoen 2023 is vrij vlekkeloos verlopen, maar nu komen ze allemaal weer tevoorschijn, omdat ze een stok hebben om me mee te slaan.' Britse *pundits*, oud-coureurs en tegenwoordig analisten bij diverse televisiezenders, oordelen streng. Damon Hill tweet dat Max niet in staat is om eerlijk te racen. 'Max reed Lando van de baan af en dat was dom. Ik denk niet dat hij er trots op is.' In een podcast onderstreept hij zijn kritiek nog eens: 'Max gebruikt angst en intimidatie. Al vanaf het moment dat hij de Formule 1 binnenkwam.' De altijd genuanceerde Martin

Brundle schrijft in zijn column bij Sky Sports: 'Het doet me pijn dat Max zulke dingen doet. Hij is meervoudig kampioen, hij heeft meer talent in zijn pink dan wij ooit hebben gehad. Hij bederft echter zijn faam met deze houding, en dat is jammer.' Johnny Herbert sluit zich aan. Hij zegt fan te zijn van Max, maar de mentaliteit die hij in Mexico liet zien vindt Herbert afschuwelijk. Herbert was een van de stewards in Mexico, en het komt niet vaak voor dat zij zich zo in het openbaar verdedigen. Herbert was ook een van de stewards die Max in Singapore de straf voor het vloeken oplegden. In Mexico liet ook Leclerc zich het f-woord ontvallen tijdens een persconferentie. Hij schrok en verontschuldigde zich onmiddellijk, lachend dat hij geen zin had om zich bij Max te voegen voor een taakstraf. Hij kwam er met een boete van af. Volgens Jos Verstappen heeft Herbert een hekel aan Max. Herbert houdt vol dat hij niet bevooroordeeld is, en dat hij gewoon de richtlijnen gevolgd heeft. Ik denk dat al die oud-coureurs Max' ongelofelijke talent zien, maar zodra hij zijn meedogenloze winnaarsmentaliteit tegenover een Britse coureur toont, keren zij zich met een beroep op het zogenaamde Britse 'sportsmanship' tegen hem. Senna had nog geluk dat hij streed tegen een Fransman.

Hoe is het intussen met de vriendschap? Hebben Max en Lando met elkaar over Mexico gesproken? Nee. Volgens Max vliegen ze er allebei hard in, zoals ze hebben afgesproken. Die boodschappen over de radio moet je relativeren, vindt hij, die zitten nu eenmaal vol adrenaline. Norris acht het ook niet nodig. 'Ik ben Max zijn mentor niet. Hij weet diep vanbinnen wel dat hij fout zat.' Max is nog steeds van mening dat de eerste straf onterecht was. De tweede straf, geeft hij terloops toe, was wel terecht. Michael Schumacher, zegt hij tegen een Duitse krant, liet ook geen middel onbeproefd om te winnen. 'De ene keer win je ermee, de andere keer verlies je.' Gevraagd of hij iets aan zijn rijstijl gaat veranderen antwoordt hij: 'Luister, ik ben drie keer wereldkampioen, ik zit al tien jaar in de Formule 1; ik weet heus wel wat ik doe.'

21

Grand Prix van São Paulo

Autódromo José Carlos Pace – 3 november 2024

Regen. Heel veel regen wordt er voorspeld voor de race in Brazilië, het slotstuk van het Noord-Zuid-Amerikaanse drieluik. De titelstrijd nadert zijn kookpunt. Norris houdt vol dat hij daar niet mee bezig is. 'Ik kijk niet naar de titel, ik ga race voor race, sessie voor sessie. Ik strijd tegen Max, daar heb ik jaren naar uitgekeken. Als het eerlijk gaat, kan ik daar echt van genieten.' Max heeft een nieuwe motor nodig. Nummer vijf van het jaar. Dat betekent vijf plaatsen terug op de grid voor de Grand Prix. Vijf, omdat het de tweede extra krachtbron is. Lawson denkt aan zijn toekomst en komt terug op zijn aanvaring met Pérez. In Mexico riep hij nog stoer dat hij niet voor Pérez opzij ging, nu geeft hij toe dat het misschien anders had gekund, maar hij racet nu eenmaal niet om vrienden te maken. Hij lijkt de uitgelezen kandidaat om volgend jaar naast Max te rijden. Pérez houdt vol: 'Volgend jaar ben ik hier weer.' Magnussen is ziek en wordt vervangen door Bearman.

Vrijdag is het droog. Het is sprintweekend, dus er is slechts één vrije training. Norris is de snelste. Max klokt een vijftiende tijd. Er ligt een nieuwe laag asfalt op het circuit, maar nog altijd is het hobbelig. 'Erger dan eerst,' volgens

Max, 'de auto springt alle kanten op.' Ook Piastri heeft er last mee. 'Je kunt het eind van het rechte stuk bijna niet zien door het gestuiter.' In de sprintkwalificatie domineert McLaren opnieuw. Pérez blijft steken in SQ2, net als Hamilton: 'Ik heb totaal geen vertrouwen in deze auto.' In de laatste sessie pakt Piastri de eerste startplaats voor Norris, Leclerc en Max. In de Nederlandse media staat te lezen dat Piastri de sprint wil winnen, in de Engelse dat Piastri zegt dat hij een eventuele zege zonder problemen afstaat aan Norris.

Ook de zaterdag begint droog. Eerst de sprintrace. Piastri is het snelst weg en beweegt meteen diagonaal over de baan tot voor Norris. Achter de McLarens gaat Max zij aan zij met Leclerc door de Senna-S, de Ferrari blijft echter voor. Piastri, Norris, Leclerc, Max, Sainz, Russell. Max blijft dreigen, komt in de derde ronde zelfs weer naast Leclerc, maar de Ferrari-coureur geeft geen krimp. Vooraan is McLaren aan het praten, vooral met Norris. Rondenlang. Het gaat allemaal in bedekte termen. Norris wil erlangs: 'Ik snap niet wat ik hier doe. Ik dacht dat we hierover gesproken hadden.' Wanneer geeft het team de opdracht om van positie te wisselen? 'Blijf doen waar je mee bezig bent,' antwoordt zijn engineer. Waarom toch zo omzichtig? Iedereen weet wat er gaat gebeuren. In het begin is er genoeg ruimte ten opzichte van de twee achtervolgers, tot ongenoegen van Max: 'Kom op, Charles, je maakt te veel fouten!' Na een tijdje komen Leclerc en Max weer dichterbij. En als Max Leclerc in de achttiende ronde eindelijk voorbijgaat, wordt de dreiging natuurlijk nog groter. Nog zes ronden te gaan. Dan valt de Haas van

Hülkenberg stil op het circuit. Gele vlaggen. Snel geeft de pitmuur van McLaren het bevel van positie te wisselen. Gelukkig voor hen treuzelt de wedstrijdleiding tamelijk lang met het inzetten van de virtual safetycar. Op weg naar bocht 4 laat Piastri Norris langs. Een paar tellen later komt de melding: VSC. Tempo matigen, maximaal tachtig per uur, en niet meer inhalen. Heeft de wedstrijdleiding expres zo lang gewacht? De Haas wordt geborgen. Als de virtual safetycar-fase eindigt is er nog driekwart ronde te gaan. Een sprint in een sprint. Max zit vlak achter Piastri, dreigt, de McLaren is echter te snel. Max moet genoegen nemen met een derde plaats. Het wordt zelfs een vierde plaats: omdat Max te hard heeft gereden tegen het slot van de VSC-fase, krijgt hij een vijfsecondenstraf en valt hij in de uitslag terug tot achter Leclerc.

En dan begint het te regenen. Hard. Het publiek hult zich in poncho's en plastic. De kwalificatie wordt uitgesteld. En nog eens uitgesteld. Overal staat water op de baan. De safetycar rijdt af en toe een rondje. Het zicht is minimaal. Ervaren volgers weten al hoe laat het is: de duisternis zal spoedig invallen, de kwalificatie wordt verschoven naar zondagochtend. Vroeg. Ook de race wordt vervroegd, want morgen worden later op de dag enorme buien verwacht, alsook een storm.

Op zondagochtend regent het opnieuw. Iedereen is vroeg ter plekke, de teams, het publiek. Gaat het nu wel door? En wat als de kwalificatie wordt geschrapt? Dan vormt de uitslag van de laatste vrije training de grid: Norris op pole, Max op P20. Om half acht plaatselijke tijd staan de auto's echter klaar aan het eind van de pitstraat en gaat het licht op groen.

Weinig zicht en een spekgladde baan. Overal schuiven coureurs naast het circuit, gelukkig is er veel uitloop. Iedereen is voorzichtig, maar na tien minuten is er toch een rode vlag. Colapinto staat tussen de banden en de reclameborden. In de Senna-S is hij al aan het glijden, in de volgende bocht gaat hij dan te vroeg op het gas en achterstevoren. De Williams tolt van de baan tegen de bandenstapels. In de slotfase van Q1 is Norris weggezakt naar de zestiende plaats. Krijgen we een herhaling van de blunder in Baku? Op eieren gaat hij door de langzame bochten, hij mag geen fout maken. Norris klokt een matige, veertiende tijd en er zijn nog coureurs onderweg. Lawson verbetert zijn tijd; Norris nu vijftiende – *the driver at risk*. Maar niemand gaat nog sneller. Alleen Max klokt nog een snelle tijd, ruim twee seconden (!) sneller dan Norris. Max stond echter al boven de streep. In Q2 zorgt Sainz voor een volgende rode vlag. In de Senna-S glijdt hij van de baan tegen de bandenstapel. Tegen het slot van de sessie wordt de regen nog erger. Stroll gaat à la Colapinto van de baan in de Curva del Sol. Gele vlaggen. Norris zet de snelste tijd neer. Lawson verbetert zich. Max is op de baan, hij is naar plaats twaalf weggezakt. En dan is er toch code rood. Stroll poogde nog even weg te komen, tevergeefs. De sessie is gestopt en er is te weinig tijd om hem nog te hervatten. Max is woedend dat hij zijn ronde niet kan afmaken, hij blijft steken in Q2. P12 plus vijf plaatsen terug, dat betekent straks de zeventiende startplaats. In de slotsessie is Alonso de volgende die uitglijdt in de Curva del Sol. Voor de vierde keer wordt de rode vlag gezwaaid. 'Het was alles of niets,' verklaart Alonso de crashes van hemzelf en zijn teamgenoot, 'we gingen voor pole.' Als de sessie weer op gang is, vliegt ook Albon van de baan, aan het eind van start-finish. Als hij de Senna-S wil aansnijden gaat hij rechts op de witte lijn, waarop de Williams wegglijdt en achterstevoren in de afzetting slaat. De achterzijde van de auto is volledig vernield. Voor de vijfde keer ligt de kwalificatie stil. Door de vele uitvallers staan ineens andere namen in de voorste rijen. Tsunoda is derde, voor Ocon en Lawson. Russell en Norris persen er nog een snelle tijd uit en bezetten de eerste startrij. Wat een crashfestival. Gelukkig blijft het bij blikschade. Het belooft wat voor de race.

Voor de race is het droog. De baan is echter nog kletsnat en de voorspelling is honderd procent kans op regen. Veel regen. De gecrashte auto's zijn bijna allemaal opgelapt. Alleen Albon kan niet meer van start. Sainz vertrekt uit de pitstraat. In de opwarmronde zwiept Stroll achterstevoren wanneer hij remt voor bocht 4. De Aston Martin tolt van de baan en tikt met de voorvleugel de afzetting aan. Stroll kan voort, draait en rijdt vervolgens zijn auto recht de grindbak in. *Beached.* De zoveelste afgang. De Aston Martin moet worden weggetakeld. De startprocedure wordt afgebroken. De auto's staan intussen al wel op de grid, oranje lampen beginnen te knipperen. Norris, op pole, denkt aan een extra opwarmronde en rijdt weg. Russell volgt hem, dan vertrekt ook Tsunoda en nog meer auto's gaan op weg. Achteraan blijft iedereen staan: Bottas, Max, Colapinto – zij kennen de regels. Max heeft dat boek helemaal niet nodig. De start is afgebroken. Wanneer een extra opwarmronde begint, gaat het licht op groen. Om chaos te voorkomen krijgen ook de anderen nu toestemming om een ronde te maken, de stewards onderzoeken de overtreding van de mannen vooraan.

Bahrein: één met de auto. Een ijzersterk begin

Australië: de achtervolgers op het podium. Leclerc, Sainz, Norris

Terug in China

Miami: eindelijk de eerste Grand Prix-zege voor Norris

Monaco: thuiszege voor Leclerc

Spanje: Norris verprutst zijn start

Oostenrijk: botsing in bocht 3

Groot-Brittannië: emotionele overwinning voor Hamilton

Hongarije: driedubbeldik door de eerste bocht

Nederland: Sargeants laatste crash voor Williams

Azerbeidzjan: groeiende bezorgdheid bij Max

Verenigde Staten: een nieuwe confrontatie in Texas

Brazilië: masterclass in de regen

Wereldkampioen in Las Vegas

Nachtraces in de Emiraten

Als iedereen weer klaarstaat voor de start, gaat het goed. Licht heuvelopwaarts en dan de duik door de Senna-S naar de lange Curva del Sol. Russell en Norris zijn goed weg, maar opnieuw verliest Norris in de tweede fase terrein, zodat Russell naast hem de binnenkant en de leiding kan nemen. Achter hen gaan Ocon en de twee VCARB-auto's driedubbeldik door de bocht. Denkend aan de dure constructeurspunten geven ze elkaar echter de ruimte en laat Ocon Tsunoda keurig voorgaan. Achteraan maakt Max onmiddellijk vier plaatsen goed. Bij de start stuurt hij al om Bearman heen en in de Curva del Sol kiest hij de lijn aan de buitenzijde en sjeest zo, de natuurwetten tartend, Bottas en Colapinto voorbij. Pérez heeft zijn start volledig verknald, dus ook die is hij voorbij. Even later gaat Pérez in bocht 7 achterstevoren, ploegt met een achterwiel door modder en plas en mag achteraan aansluiten. Russell, Norris, Tsunoda, Ocon, Leclerc, Lawson, Piastri, Alonso. Aan het begin van de tweede ronde steekt Max Hamilton voorbij in Bocht 1. Natuurlijk gaan de gedachten terug naar 2016, toen Max in de stromende regen grip wist te vinden waar niemand zich durfde te wagen en zo de een na de ander oprolde en het hele veld te kijk zette. 'Droomdansen' schreef ik destijds in *Maxmania*; intussen zijn we het van hem gewend, maar het blijft sensationeel en wonderlijk. In de vijfde ronde zeilt hij binnendoor bij Gasly, een ronde later scheurt hij op weg naar bocht 4 Alonso voorbij alsof de oude kampioen stilstaat. Van zeventien naar acht, zonder DRS, die in de regen niet gebruikt mag worden. Het publiek gaat tekeer bij iedere inhaalactie. Ook zij denken aan 2016, toen zij de geest van hun verdwenen held meenden te zien gaan. In de tiende ronde rolt Max Piastri op bij het ingaan van de Senna-S. De

McLaren-coureur biedt geen enkel verweer. Lawson is een ronde later de volgende. In bocht 8 steekt Max binnendoor. Het lijkt toveren, maar dat is het niet, het is weten waar de grip is, wat de auto nog kan, een ingewikkelde mengeling van natuurkunde en instinct, die ook wel talent genoemd wordt. Leclerc is de volgende. De Ferrari heeft echter meer tempo. Even moet Max passen. In de vierentwintigste ronde wisselt Leclerc zijn banden. Max schuift op. De banden beginnen inderdaad te slijten. De intermediates waar iedereen op rijdt verliezen langzaam profiel, maar de nattigheid wordt niet minder. Sterker nog, het wordt meer. Het begint flink te regenen. Hülkenberg spint aan het eind van start-finish en strandt pal naast de baan. Gele vlag. De Haas staat echter met de vloer op een richel, en lijkt niet meer verder te kunnen. Virtual safetycar. Is dit het juiste moment om banden te wisselen? Mercedes en McLaren menen van wel. Russell wil liever doorrijden: 'Er staat zoveel water, iemand gaat crashen. Het wordt zo code rood!' Het team blijft echter herhalen: 'Box, box!' Russell en Norris rijden de pits in voor nieuwe inters. Ook Tsunoda komt binnen. Max overlegt met Gianpiero. Hoelang blijft het nog zo regenen? Vier minuten. Dan blijft hij buiten. Hülkenberg rijdt ineens weer. Marshals hebben de Hulk weggeduwd, even later zal hij uit de race worden gehaald, want hulp van buitenaf is verboden. De virtual safetycar wordt ingetrokken. 'Er staat heel veel water,' meldt Max op de radio. 'Ik probeer nog een ronde.' 'Wees voorzichtig alsjeblieft Max, heel voorzichtig,' bezweert GP. Wie rijdt er nu eigenlijk op kop? Ocon! Voor Max en Gasly. Kort daarachter volgen Russell en Norris. De drie vooraan zullen nog banden moeten wisselen. Het hoost. De baan staat blank, de spray is enorm. Norris vliegt

Russell voorbij op weg naar bocht 4. Het is bijna zwemmen. En dan is het safetycar. De wedstrijdleiding heeft besloten dat het te gevaarlijk aan het worden is en stuurt de safetycar de baan op om het tempo te matigen. Iedereen moet nu aansluiten. Even later is het zelfs code rood. Colapinto doet een Latifi. Bij het oprijden van het rechte stuk glipt de auto onder hem vandaan en slaat tegen de afzetting. De linkerkant van de auto is aan barrels. Een duur weekend voor Williams. Code rood betekent dat iedereen terug moet naar de pits. De race wordt stilgelegd. Het betekent ook dat iedereen nu zonder tijdverlies zijn banden mag wisselen. Weer die vreemde, veel te ingrijpende regel, net als in Monaco. Russell is woedend: 'Ik – piep – zei het toch!' Geluk voor de koplopers. Als ze onder racecondities hadden moeten stoppen, waren ze een flink eind teruggevallen. De Williams wordt opgeruimd.

De race wordt, vanwege de gevaarlijke omstandigheden, hervat achter de safetycar. Ocon, Max, Gasly, Norris, Russell, Tsunoda, Leclerc, Piastri. Allemaal op nieuwe intermediates. Door het water en de regen trekt het veld weer op gang. De safetycar rijdt de pitstraat in, Ocon bepaalt het tempo alsook wanneer er weer voluit gereden gaat worden. Max volgt. Er staat nog veel water op de baan. Het is nu geen moment om aan te vallen. Eerst overleven. Norris schiet naast de baan in bocht 4 en verliest zijn plek weer aan Russell. Nog een halve race te gaan. Vijf ronden later is het de beurt aan Sainz. In bocht 8 slaat de Ferrari ineens achterstevoren en glijdt tegen de bandenstapel. Safetycar. De rommel valt mee, de Ferrari is snel geborgen, na twee ronden gaan de lampen op de safetycar alweer uit en een ronde later gaat hij naar binnen. De dans begint opnieuw.

De regen lijkt minder. Nu, weet Max, nu kan hij toeslaan. Als de meute over start-finish raast, zit hij nog ruim achter Ocon. Voor de Senna-S remt hij echter een stuk later en duikt naar de binnenkant. Weer: precies weten wat je kunt, op welk moment, op de juiste plek van de baan. Schijnbaar moeiteloos passeert Max de Alpine. In 2018 kwamen ze precies hier in deze bocht nog in botsing, maar Ocon weet dat ook hij nu veel te verliezen heeft en dat hij Max toch niet achter zich kan houden. Max aan de leiding, van P17 naar P1. Achter de kop glijdt Norris in gevecht met Leclerc en Russell bij het aanremmen van de Senna-S naast de baan en verliest twee plaatsen. Het lijkt erop dat het kampioenschap hier vandaag wordt beslist. Nog vijfentwintig ronden, maar de strijd is gestreden. Max, aan de leiding, is weer in zijn element en rijdt achter elkaar snelste rondes. Ocon en Gasly houden stand. Dit keer geen interne strijd, maar een hele hoop punten. Russell passeert Leclerc. Piastri laat op verzoek van het team Norris langs. Alonso zegt over de boordradio dat zijn rug verschrikkelijk pijn doet door al het gestuiter, 'maar ik rij de race uit, voor de monteurs…' Negentien seconden loopt Max nog weg – hij is terug, en hoe! Winnend gaat hij over de finish. 'Het duurde lang, maar man, het was het wachten waard. You are the man,' zegt GP over de radio. Uit de cockpit komen kreten. 'Wat een ongelofelijke race, jongens. Weet je wat dit is? *Simply lovely*. Dat zeg ik je.'

Stand:

Verstappen	393
Norris	331

*

Na afloop bij de persconferentie heeft Max vooraf een vraag: waar is de Britse pers gebleven? Moesten de journalisten rennen voor hun vliegtuig? Genoegdoening. Met een overwinning als deze veeg je in één klap alle kritiek van tafel. Alle Britse pundits zullen de volgende dag klaarstaan om te benadrukken dat ze nooit hebben beweerd dat Max geen geweldige coureur is. Misschien moeten ze gaan inzien dat het een bij het ander hoort.

De tripleheader had alles wat de Formule 1 tot Formule 1 maakt. Spannende races vol duels, inhaalacties, duw- en trekwerk, boordradio's, penalty's, ophef in de media, druk, rode vlaggen, complottheorieën, discussie over de uitleg van de regels, rijdersbriefings, kortom voortdurend van alles op het uiterste randje, met als slotstuk een geweldige, historische triomf, die beslissend is voor het wereldkampioenschap. Omdat deze apotheose plaatsvond in Brazilië, in de stromende regen, wordt de vergelijking met Ayrton Senna overal gemaakt. Terecht. Ook Senna stak met kop en schouders boven de rest uit wanneer de hemelsluizen opengingen. Denk aan zijn eerste zege in Portugal 1985, of de race in Donington 1993.

De vergelijking gaat echter veel verder. Men vergeet te gemakkelijk dat Senna's wil om te winnen ook een keerzijde had. Tijdens zijn loopbaan boekte Senna weergaloze zeges, maar net zo vaak stond hij ter discussie. Niet zelden werd hij van alle kanten tot the bad guy gebombardeerd. Steeds weer lag hij overhoop met het establishment, een enkele keer dreigde hij zelfs te stoppen. Wat zei Max ook alweer nadat hij op het matje geroepen was wegens het vloeken? En dan waren er nog de vele controversiële momenten op de baan. Denk alleen al aan Suzuka 1990, waar hij Prost in de eerste bocht genadeloos de baan af reed. Of de levensgevaarlijke verdediging pal langs de pitmuur bij tempo 280 in Portugal 1988. Om kampioen te worden moet je een klootzak zijn, stelde de oude teambaas Frank Williams destijds. Max heeft hetzelfde gezegd aan het begin van zijn opmars: op de baan moet je af en toe een eikel zijn. Net als Senna heeft Max de mentaliteit van een absolute winnaar. De onlosmakelijke schaduwzijde daarvan is dat hij, net als Senna, nooit wil – of eigenlijk niet kán – verliezen. Schumacher had dat ook. Zoek maar op: Adelaide 1994, Jerez 1997. Zolang het in hun macht ligt zullen zij er alles aan doen om een nederlaag te voorkomen. En een keer een race niet winnen, dat kan nog, maar de wereldtitel… Dan komt de vechtjas boven, de wat minder politiek correcte, de ongepolijste. De gevaarlijke: 'This guy is dangerous!' In Engeland noemen ze dat onsportief. Het is ook op het randje en soms erover. Ja, Senna deed weleens onverstandige dingen. Schumacher net zo. Max deed dat in Mexico ook. Ik schrijf dit niet om het goed te praten – laat de stewards vooral hun werk doen – maar het een hóórt gewoon bij het ander. Een kampioen gaat door roeien en ruiten. Een kampioen is niet bang om the bad guy te zijn. Senna had dat. Schumacher. Max. Norris zal het nooit krijgen. Hoeveel punten heeft hij dit seizoen niet laten liggen omdat hij te netjes was? Te braaf. Niet scherp genoeg vooral. Je moet je plek opeisen, je moet inhalen, je met alle middelen verdedigen, je moet winnen. Willen winnen ten koste van alles. Daarbij ga je misschien een keer te ver, tegen de regels, tegen het team, desnoods tegen de hele wereld. Alleen zo word je wereldkampioen Formule 1.

22

Grand Prix van Las Vegas

Las Vegas Strip Circuit – 24 november 2024

Drie weken heeft iedereen om te bekomen van de dreun die Max heeft uitgedeeld in Brazilië. De beslissende dreun, geeft Norris in Las Vegas toe. 'Maar het kampioenschap is eigenlijk beslist in de eerste zes races,' bromt hij. 'Toen waren wij nog nergens. Ik vind het knap dat we de strijd tot hier hebben gebracht.' Mathematisch kan het nog. Norris moet in Las Vegas minimaal drie punten meer pakken dan Max om de hoop levend te houden, maar dan moet hij de laatste twee races winnen, inclusief de sprint in Qatar, plus de snelste rondes en Max moet dan geen enkel punt meer scoren; kortom: het is gedaan. Zelfs wanneer blijkt dat Red Bull niet over de juiste achtervleugel voor Las Vegas beschikt. Zijn ze hem vergeten? Nee, ze hebben gewoon geen dunne *low-drag*-vleugel. Die hadden ze in Monza al niet. Te duur. Omdat de teams binnen de *cost cap* moeten blijven, kunnen ze niet langer ongelimiteerd alles ontwikkelen wat ze willen. De cost cap is geïntroduceerd in 2021 en moet ervoor zorgen dat Formule 1-teams elkaar niet meer tot astronomische uitgaven opjagen. In de dagen dat alles kon gaven teams als Ferrari en Toyota meer dan 400 miljoen dollar per jaar uit om te winnen. Het maximum te besteden bedrag in

2024 is 135 miljoen, de salarissen van de coureurs en de drie bestbetaalde teamleden niet meegerekend. Die low-dragvleugel kon er bij Red Bull dus niet meer af. Uiteindelijk is er uit de aangepaste achtervleugel die al werd gebruikt in Monza nog eens een flinke hap weggezaagd. Gewoon met een slijptol. Wat nou sophisticated windtunnelwerk? Veel lijkt het niet te helpen; de Red Bull is in de eerste vrije trainingen te langzaam. De baan is stoffig en glad, de temperatuur in nachtelijk Nevada is laag, dus er is totaal geen grip. Pas na een paar veranderingen is Max in de derde sessie een beetje tevreden. Mercedes is de snelste in alle sessies. Tot hun eigen verbazing. 'Wij zijn de kampioenen van de vuile baan,' grapt Toto Wolff. Hamilton kan ook weer een beetje lachen. Na de desastreuze race in Brazilië dacht hij er serieus over om de laatste races niet meer mee te doen.

Intussen hebben de coureurs een goed gesprek met de FIA, over alle kwesties, maar vooral over het feit dat de FIA nooit naar hen luistert. Ze zijn ook verbaasd over het plotse vertrek van een van de wedstrijdleiders, Niels Wittich. Zijn vervanger, Rui Marques, eerder wedstrijdleider in de F2 en F3, maakt echter direct een goede indruk. Kleine veranderingen aan de belijning van de baan worden op verzoek van de coureurs onmiddellijk doorgevoerd. 'Het was de beste briefing sinds tijden,' aldus Russell.

De race in Las Vegas is het troetelkindje van Liberty Media. Het is ook de race die ze helemaal zelf organiseren, dus de inkomsten vloeien direct naar de eigen kas. Liberty's winst over heel 2023 bedroeg 239 miljoen dollar, ruim vijftig miljoen meer dan in het jaar ervoor, en die stijging komt, zegt men, voor een groot deel voort uit het succes van de show in Las Vegas. De ticketprijzen zijn ernaar. Tickets voor drie dagen op een tribune kosten gemiddeld zo'n 1600 dollar. Driemaal zoveel als op Zandvoort. Drie dagen te gast bij een club langs de baan, inclusief hapjes en drankjes, een Paddock Tour en 'Appearances by Drivers and F1-Personalities' kost al snel 6000 dollar. En voor drie dagen in de tent van Gordon Ramsay, 'Ramsay's Garage', telt men 35000 dollar neer, maar daar zit dan wel een 'Paddock Pass', een fotosafari en 'F1 Podium Celebration Access' bij, en Ramsay zelf natuurlijk. Hoe mooi zou het toch zijn, mocht Max uitgerekend hier de titel pakken.

Het zes kilometer lange circuit maakt nog weinig indruk. Een stereotiep Amerikaans stratencircuit met betonnen muurtjes en hekken overal rondom. Natuurlijk is er die bijna twee kilometer raggen over de fameuze Strip, maar de decoratieve neonpaleizen blijven achter de hekken verscholen. Las Vegas bekijk je eigenlijk het best met een drone. Er zijn wel een paar fijne bochten: de slingers 10 en 11 en het oog van de naald voor je de Strip op dendert, bocht 12. Bocht 17, een supersnelle knik op weg naar start-finish, mag er ook zijn. In de kwalificatie is Mercedes opnieuw snel onderweg. Pérez blijft weer eens steken in Q1, net als de tobbende Aston Martins. In Q2 steelt Colapinto de show. Als hij in de slingers van bocht 15 en 16 op het gas gaat, om zoveel mogelijk snelheid te maken voor het lange rechte stuk dat volgt, raakt hij met zijn linkervoorwiel de betonnen binnenkant van de bocht. Onbestuurbaar vliegt de auto de weg over en slaat hard in de muur aan de overzijde om er vervolgens dik honderd meter langs voort te glijden. De coureur kan ongedeerd uitstappen, maar de auto ligt in puin en de baan is bezaaid met bodywork, vleugels, wielen en duizenden carbonfiberdeeltjes. Rode vlag. In Q3 zegt Russell zijn team dat ze hem pas op het laatst naar buiten moeten sturen, omdat de baan nu snel beter wordt. Het werkt, want op het allerlaatste moment pakt hij de pole, voor Sainz, Gasly en Leclerc. De titelkandidaten volgen op P5 en P6. Hamilton heeft beide runs verprutst en vertrekt morgen als tiende.

De grote verrassing is Gasly. Wat is er met Alpine gebeurd? Een beetje in de schaduw van Max' geweldige race in Brazilië vierde Alpine misschien nog wel meer feest. Gasly en Ocon sprongen hun team in de armen en gingen daarna als de beste vrienden op de foto. Het dubbele podium was een megaprestatie. Alpine klom daarmee ook twee plekken in de stand om de constructeurstitel, wat mogelijk zo'n twintig miljoen extra kan opleveren. Sinds de upgrades in Texas rijdt Gasly steeds voorin mee, in elk geval in de kwalificatie. Bovendien heeft hij nog niet één dollar schade gereden in 2024! Het team maakte voor Las Vegas bekend vanaf 2026 met de Mercedesmotor te zullen rijden. Renault had eerder al aangegeven te zullen stoppen met de hybridemotor. Voor de zoveelste maal stapt het merk uit de Formule 1.

Een nachtrace in Las Vegas betekent in Europa een pyjamarace op zondagochtend. Beschuitje bij de voorbeschouwing en nog snel de tweede kop koffie pakken tijdens het volkslied. Russell heeft een raketstart en gaat onbedreigd bocht 1 in. Achter hem schuift Sainz naar de buitenkant. Zou het afgesproken werk zijn? Want daar blokkeert hij de weg voor Gasly, zodat Leclerc precies door de binnenbocht past en zowel Gasly als Sainz passeert. Norris wurmt zich tot naast Max in bocht 1, het lukt hem echter niet om Max te passeren. Russell, Leclerc, Sainz, Gasly, Max, Norris, Tsunoda,

Piastri en de rest. Langs de Sphere, de grote lichtgevende bol, waarop de coureurs zichzelf soms kunnen terugzien, dan door het oog van de naald de Strip op, jakkeren naar bocht 14, vol in de ankers, zigzag door 15 en 16 en dan weer volle bak door 17 en over start-finish. In de vierde ronde opent Leclerc de aanval. Op de Strip raast hij, geholpen door DRS, tot naast de Mercedes, buitenzijde bocht 14. Russell blijft voorop. De Ferrari plakt nu echter onder zijn achtervleugel, komt op weg naar 17 opnieuw langszij en samen vliegen ze door de kink, over start-finish. Leclerc heeft opnieuw de buitenzijde. Russell heeft de bocht, de apex, en laat zijn auto naar de buitenkant lopen, waar hij nog net wat ruimte laat voor Leclerc, die deels over de kerbs moet en het nakijken heeft. Verdedigen volgens de 'guidelines'. Het lijkt meteen gedaan met de aanvalsdrift van Leclerc. Hij kan niet meer volgen, de banden zijn eraan en drie ronden later wordt hij eenvoudig voorbijgereden door zijn teamgenoot. Een ronde later komt ook Max – Gasly heeft hij al opgerold – met DRS voorbij. Gasly wordt ook ingehaald door Norris. Daar weer achter is Hamilton ontketend: Piastri, Tsunoda, Gasly, één voor één laat hij ze staan.

Het gaat niet zo lekker met de banden bij Ferrari, want Max gaat ook Sainz eenvoudig voorbij. Leclerc is dan al in de pits geweest. Sainz volgt. In de volgende ronden wisselen ook de Mercedessen en Max hun mediumbanden in voor de harde. Dan is het race over voor Gasly – met een fikse rookpluim geeft de motor de geest. Hamilton passeert Norris. McLaren doet niet echt mee vandaag, Max is op weg naar de titel. Russell, Max, Sainz, Leclerc, Hamilton, Norris, Tsunoda, Piastri. Sainz worstelt alweer met zijn banden. 'Haal me naar binnen,' smeekt hij. Leclerc en Hamilton rijden inmiddels in zijn kielzog. Het team draagt Sainz op Leclerc voorbij te laten. Bijna glipt Hamilton mee. Sainz zet koers naar de pits, Hamilton volgt. Dan roept Ferrari plots dat Sainz buiten moet blijven. Nog net op tijd kan hij de pitingang ontwijken. Als hij een ronde later binnenkomt vraagt hij wat er aan de hand was. 'We waren nog niet klaar.' Sainz is woedend. 'Word eens wakker, mensen!' Door de undercut is Hamilton hem voorbij. Even later passeert Hamilton ook Max, zonder problemen. 'Als ik mijn kwalificatie niet verknald had, had ik deze race gemakkelijk gewonnen,' aldus Hamilton. Maar Russell heerst, royaal voor Hamilton, Max, Sainz, Leclerc en Norris. In de zevenendertigste ronde volvoert Pérez de inhaalactie van de dag. In bocht 14 zitten Lawson en Magnussen vooral naar elkaar te kijken, zodat Checo met DRS twee man tegelijk uitremt en binnendoor piept. Maar ja, om plaats elf… Vooraan naderen de twee Ferrari's de andere Red Bull. 'Moet ik het gevecht aangaan?' vraagt Max. Gianpiero antwoordt bevestigend. Max heeft echter weinig verweer; in bocht 14 komen de rode wagens met DRS gemakkelijk voorbij. Het deert niet. Nog vier ronden te gaan. Met Norris achter zich is ook de vijfde plek prima. Russell wint. Dominant. Hij is klaar om het team volgend jaar te leiden. Hamilton eindigt als tweede. Sainz als derde. Daarachter is Leclerc laaiend dat hij voor de zoveelste keer de hele race heeft moeten strijden met zijn teamgenoot, die ook nog eens de teamorders negeerde. Hij trakteert het team op een sappige tirade vol f-woorden. Zijn engineer probeert hem te sussen. 'Ik weet dat ik mijn mond moet houden, maar…' en een volgende vloed rolt over de boordradio. Een taakstraf volstaat hier eigenlijk niet meer. Het valt echter in het niet, want na hem komt Max over de meet. Viervoudig wereldkampioen! 'En dat is vier op een rij, Max,' constateert GP droogjes. 'Oh my god, wat een seizoen,' verzucht Max vanuit de cockpit. 'Vier keer. Bedankt jongens.' Hij is duidelijk aangedaan. Het was een zwaar seizoen, hij heeft enorm onder druk gestaan omdat zijn concurrenten al vanaf het voorjaar beschikten over snellere auto's. Hij moest tot het uiterste gaan. De briljante race in Brazilië bracht de beslissing, hier in Las Vegas maakt hij het af.

Stand:

Verstappen	403
Norris	340

*

Met vier wereldtitels laat Max grootheden als Niki Lauda, Jackie Stewart en Ayrton Senna statistisch achter zich, en komt hij op gelijke hoogte met Alain Prost en Sebastian Vettel. Het zijn getallen, want iedere vergelijking gaat in wezen mank. Prost heeft nogal wat titels door zijn vingers laten glippen en moest daarna de strijd aanbinden met teamgenoten als Lauda en Senna. De vierde scoorde hij overigens met overmacht in de beste auto van het veld – de Williams FW15C, een ontwerp van Newey. 'Ik word altijd onderschat,' klaagt Prost in een interview. Nou ja, een beetje gelijk heeft hij wel. Vettel daarentegen scoorde zijn kwartet overduidelijk in een dominante auto, ook van Newey. Waarbij aangetekend mag worden dat je dan wel de beste auto kunt hebben, je moet hem natuurlijk ook nog besturen. Het viertal van Max verschilt nogal. Door zijn dominantie in

2022 en 2023 vergeet men gemakkelijk met welk een slopend heroïsch gevecht hij de eerste in 2021 veroverde. Een waar koningsduel met de kampioen die al seizoenenlang heerste. Iedereen weet nog waar hij was op 12 december 2021. Deze vierde titel is weer anders. Na de twee dominante jaren, met ontegenzeggelijk de beste auto, komt deze wereldtitel voor het grootste deel op Max' conto. Horner bevestigt dat in de interviews achteraf: 'Ik denk dat dit zijn moeilijkste en beste gevecht om de titel is geweest. Hij was geweldig op dagen dat de auto niet zo geweldig was. Niemand verdient deze titel meer dan Max. Zoals hij gereden heeft dit jaar, hij stapt in de auto en geeft 110 procent, en dat ieder weekend weer. Natuurlijk had hij een geweldig team van mannen en vrouwen achter zich, maar hij inspireerde iedereen vanuit de cockpit, juist op de moeilijke momenten. Achter de schermen heeft hij keihard gewerkt met de engineers en de ontwerpers, alsook in de simulator. Meer dan andere jaren. Zoals hij zich heeft opgesteld en heeft gewerkt met de hele technische staf is fenomenaal. Daarom hoort hij tussen de allergrootsten in de sport.'

Ook Max is trots: 'Misschien wel voor zeventig procent van de races dit seizoen hadden wij niet de snelste auto.' Tijdens een van de interviews na afloop waarbij Zak Brown hem komt feliciteren, wrijft Max het hem nog maar even in: 'Jij hebt gezegd dat ik alleen maar kon winnen in de snelste auto, dit jaar was het toch even anders...' Ze kunnen erom lachen. Mooi om te zien dat Max bij ieder interview een beetje meer beneveld lijkt, hij drinkt duidelijk geen Red Bull meer.

Hij is vooral opgelucht, de druk is groot geweest. Zo groot dat hij toegeeft dat gedachten over een verandering van team weleens door zijn hoofd speelden. Zulke gedachten horen echter ook bij de Formule 1, vindt hij. 'Vooral rondom Monza was het zwaar,' vertelt hij in een interview met F1TV. 'Maar we zijn kalm gebleven en hebben samen het beste eruit gehaald en oplossingen bedacht. In Amerika ging het al beter en gelukkig regende het in Brazilië. Na die race wist ik dat het gedaan was.' Een geheim voor dit presteren onder grote druk heeft hij eigenlijk niet. 'Je moet constant zijn, je off-days tot een minimum beperken.' Het helpt hem dat hij thuis de knop om kan zetten. 'Als ik thuis ben denk ik niet meer over de Formule 1. Als je er continu mee bezig blijft, brand je op. Er zijn zoveel andere dingen in het leven. Als mijn vader of moeder belt denk ik weleens: "Ik heb geen tijd!" – maar dan realiseer ik me ook dat er een tijd komt dat ze er niet meer zijn. Zij hebben zoveel voor mij gedaan. En je leeft maar één keer. Nu is het allemaal in evenwicht en ik hoop dat het lang zo blijft. Maar er komt vast een moment dat ik het genoeg vind.' Het is de kalmte en de relativering van een groot kampioen, die als hij zijn helm opzet evengoed verandert in een meedogenloze winnaar. Vier wereldtitels, tweeënzestig Grand Prix-overwinningen en het eind is nog lang niet in zicht. 'Not bad for a guy from Holland...'

23

Grand Prix van Qatar

Lusail International Circuit – 1 december 2024

Het bleef nog lang onrustig in Las Vegas. Een paar dagen later in Qatar onthult Russell dat hij Max in Las Vegas nog in een bar heeft zien staan toen hij in de vroege ochtend alweer op weg ging naar het vliegveld. 'Hij zag mij niet, want hij was niet helemaal… eh, nou ja…' 'Ik had gewoon dorst,' antwoordt Max lachend. 'Hoe laat was het? Vijf uur of zo?' Russell grijnst. 'Max is een professionele coureur, een pro-FIFA-speler, -padelspeler, -drinker. Kortom, een man met vele talenten!' De sfeer is ontspannen. De grootste druk lijkt van de ketel. De herziening van de driver-guidelines, beloofd in Mexico, wordt uitgesteld tot 2025. Er is mooi nieuws over de komst van een elfde Formule 1-team: in 2026 komt General Motors met Cadillac naar de Formule 1. Misschien iets voor Pérez? Na het seizoen mogen de aandeelhouders van Red Bull namelijk beslissen of hij blijft of niet – de uitkomst laat zich raden. Strijd is er alleen nog in het constructeurskampioenschap. Strijd om de titel tussen McLaren en Ferrari (Red Bull heeft, door het falen van Checo, alleen nog een theoretische kans) en strijd om plaats zes en de vele miljoenen tussen Haas, Alpine en VCARB. Nog twee races te gaan. Haas is Alpine in Las Vegas weer voorbijgegaan.

Qatar is net als vorig jaar toneel van een sprintrace. Ferrari en McLaren domineren de enige vrije training. Max klaagt steen en been over de Red Bull, er is niet mee te rijden. In de sprintkwalificatie speelt hij dan ook geen rol. McLaren domineert, Ferrari komt ruim twee tienden tekort, alleen Russell weet zich tussen het McLaren-duo te wringen. Norris is nipt de snelste. Na afloop laat vooral Hamilton (zevende op vier tienden) het hoofd hangen: 'Ik ben blijkbaar niet meer zo snel...'

De start van de sprint is voor Norris. Achter hem wurmt Piastri zich in de eerste twee bochten voorbij Russell. Hamilton heeft een prima start en wint twee plaatsen, Max verliest er drie. Zijn teamgenoot doet het nog slechter. Pérez start vanuit de pitstraat, maar als het licht op groen gaat, lijkt hij te slapen en stuurt de wakkere Colapinto snel om hem heen. McLaren leidt. Veel gebeurt er niet meer. Het nogal saaie circuit kent weinig inhaalmogelijkheden, het heeft slechts één DRS-zone, voor bocht 1. Daar dreigt Russell een paar maal, halfhartig. Piastri blokt. Russell jammert op de radio. Al snel vormt zich een DRS-trein: Norris loopt niet weg en houdt Piastri in zijn kielzog, zodat deze DRS heeft, waardoor Russells DRS geen voordeel meer biedt. Hetzelfde voor Russell versus Sainz, hetzelfde voor Sainz versus Hamilton. Leclerc passeert uiteindelijk Hamilton. Max passeert Gasly. Norris, Piastri, Russell, Sainz, Leclerc, Hamilton, Hülkenberg, Max. Zo gaat het op de finish af. Op de boordradio van McLaren benadrukt Norris' engineer (hij is als enige op de hoogte van Norris' plan) dat ze in deze volgorde moeten finishen. Maar als ze de laatste bocht uitkomen laat Norris even het gas los en Piastri schiet voorbij, zodat hij de winnaar wordt van de sprintrace. Bizar. Een goedmakertje voor de sprintrace in Brazilië. Norris leert het nooit. Ja, hij gaat hier tegen een teamorder in, maar dat had hij beter eerder kunnen doen… Zak Brown is na afloop meteen bij zijn coureurs om het geweldige teamwerk te benadrukken. Maar Formule 1-fans houden niet van gemanipuleerde races, hooguit als de titel in het geding is.

Tussen de sprint en de kwalificatie voor de Grand Prix mag er aan de auto's gewerkt worden. Bij Red Bull is er de hele nacht (nog voor de sprint dus) op de fabriek en in de simulator doorgewerkt aan een set-up voor de rest van het weekend. Horner stelt dat zo'n beetje alles wat ze konden veranderen veranderd is: 'Werkelijk alles is uit de kast getrokken.' En het werkt. Max voelt onmiddellijk verbetering: voor- en achterkant voelen weer één, er komt wat temperatuur in de banden. In Q2 voert hij de lijst alweer aan. McLaren blijft wat achter, alleen Russell doet mee. Russell is de snelste in de eerste run in Q3, maar Max gaat uiteindelijk vijfenvijftig duizendsten sneller. Zijn eerste echte pole sinds Oostenrijk. Die hij later op de avond alweer kwijt is. In de aanloopronde naar de beslissende run in Q3 heeft Max Russell in de weg gereden, vindt Russell. 'Dat scheelde misschien precies die vijfenvijftig duizendsten,' stelt hij in de persconferentie. De twee coureurs moeten langs bij de stewards en Max krijgt alsnog een straf: hij moet één plaats terug op de grid. Nog nooit vertoond. Niet eerder werd hinderen in een aanloopronde bestraft, niet eerder werd er een straf van één plek op de grid uitgedeeld. Bovendien kon Russell Max al van verre zien en was het niet nodig zo op hem in te rijden. Het is allemaal vreemd, maar een betere manier om Max op scherp te zetten is er natuurlijk niet.

Russell op pole, Max naast hem, gebrand op een goede start. Tijdens de rijdersparade heeft hij Russell al gewaarschuwd. Als de lichten uitgaan komen ze even goed weg. Russels reactietijd is zelfs sneller: drie honderdsten van een seconde. In de tweede en derde fase komt de Red Bull, ondanks dat hij op het vuile gedeelte van de baan moet starten, beter op gang dan de Mercedes. Russell kan zijn auto niet voor de Red Bull zetten om de binnenzijde van de bocht dicht te houden. Max blijft op het midden van de baan rijden, Russell moet wijd. Met een halve lengte voor draait Max de bocht in. Aan de binnenkant komt intussen Norris op gelijke hoogte. Zij aan zij, door bocht 1. In de volgende bocht heeft Max echter de binnenzijde en komt zo aan de leiding, voor Norris, Russell en Leclerc. In bocht 4 dreigt Norris opnieuw, maar dan is het meteen safetycar. Hülkenberg, gestart op de harde band, is in bocht 1 alle kanten op gegleden. Hij heeft Ocon aangetikt en die klapte tegen Colapinto op. De Williams en de Alpine liggen uit de race, Hülkenberg kan verder. Een paar bochten verder heeft Stroll Albon van de weg getikt. Albon is woedend: 'Ik wist gewoon dat hij dit ging doen!' Tiensecondenstraf voor Stroll. Na vier ronden is de rollende herstart. Max blijft voorop, voor Norris, Piastri haalt Leclerc in, daarachter volgen Sainz, Pérez en Hamilton. Lawson botst op Bottas. Tiensecondenstraf. Tsunoda wordt door iedereen ingehaald, het gaat niet goed voor VCARB.

De voorsprong van Max op Norris bedraagt voortdurend ruim anderhalve seconde. Jakkeren. Geen fouten maken. En op de banden letten. De angst van Red Bull dat de radicale set-up in de race verkeerd zou uitpakken blijkt ongegrond. Russell is de eerste die banden wisselt. Tamelijk vroeg. En het gaat niet goed. Rechtsachter wil het wiel er niet vlotjes af. Het kost hem vijf seconden. En dat niet alleen: hij keert op de baan terug in het verkeer en zit zo rondenlang vast achter Alonso. De kans op een topklassering lijkt verkeken. Max en Norris jagen door. Piastri volgt al op tien seconden.

In de negenentwintigste ronde gebeurt er iets vreemds. Albon verliest zijn rechter achteruitkijkspiegel op start-finish. De spiegel fladdert door de lucht en komt ruim voor de bocht naast de racelijn op het asfalt terecht. Het is een gevaarlijk obstakel, dus er wordt met de dubbele gele vlag gezwaaid en ook het waarschuwingslicht brandt geel. Even later komt Max op de radio: heeft Norris wel gas teruggenomen op het rechte stuk? Want hij rijdt ineens een stuk dichterbij. Dat heet de race lezen: oog hebben voor ieder belangrijk detail, terwijl je met tweehonderd per uur door de bochten raast. Red Bull bekijkt de telemetrie: Max heeft gelijk, Norris heeft niet gelift. Overtreding. Even later gaat Bottas op start-finish keurig opzij voor Leclerc en rijdt daarbij vol over de spiegel, die onder de auto versplintert en in honderden stukjes over het wegdek verspreid wordt. Carbonfiberdeeltjes, messcherp. Sainz en Hamilton, kort achter Leclerc, zijn de klos: allebei een lekke band. Ook Piastri wordt naar binnen gehaald, voor de zekerheid. En dan is het safetycar. Natuurlijk. De auto's worden door de safetycar door de pits geleid, zodat het rechte stuk schoongeveegd kan worden. Iedereen wisselt meteen banden. Van medium naar hard.

Wanneer de safetycar weer naar binnen gaat is Max voorzichtig op de koude harde band. Pas na de laatste bocht geeft hij weer gas. Dit keer zit Norris meteen onder zijn vleugel, springt uit de slipstream en komt op gelijke hoogte aan de buitenkant. Max neemt de bocht ruim, houdt de buitenkant zo dicht en behoudt de leiding. En meteen is er weer een safetycar: Pérez is op de koude banden gespind en gestrand. Ook Hülkenberg glijdt achterstevoren. Ervaren mannen met beginnersfouten. Als de race weer voortgaat meldt de wedstrijdleiding dat Norris een stop-and-go penalty van tien seconden krijgt, omdat hij geen gas heeft teruggenomen onder dubbel geel. Binnen twee ronden te incasseren. Een zware straf, maar dubbel geel duidt op een zeer gevaarlijke situatie, dus hard doorrijden is een ernstig vergrijp. Norris rijdt de pits in en stopt bij zijn pitbox, de auto mag niet aangeraakt worden en na tien tellen mag hij weer voort. Dik vijfendertig seconden verloren. Als laatste komt hij terug op de baan. Hamilton krijgt een drive-through penalty, omdat hij te hard heeft gereden in de pitstraat. Wat een straffen! Hamilton had al vijf seconden aan de broek gekregen omdat hij niet helemaal stilstond bij de start. Als hij voor straf door de pits rijdt, vraagt hij of hij de auto mag parkeren in de garage, hij heeft geen zin meer. Het team sommeert hem door te rijden. Hij moet eerst de straf incasseren, anders moet hij in Abu Dhabi vijf plaatsen achteruit. Als het team aanbiedt om de volgende ronde te stoppen rijdt hij toch maar door. Max rijdt riant naar de zege. Leclerc volgt op zes seconden. Norris raast nog door het achterveld, klokt de snelste ronde en eindigt als tiende.

Zigzaggend komt Max over de finish. 'Wat een ommekeer!' juicht hij in de auto. Ook zonder regen wint Red Bull weer. Het is ook feest bij Sauber. Zhou eindigt als achtste, het zijn de eerste punten voor Sauber in 2024; de fans kiezen Zhou als Driver of the Day. Ook Alpine is blij. Gasly is door alle chaos stug doorgereden en scoort met de vijfde plaats tien zeer waardevolle punten. Norris trekt na afloop het boetekleed aan: hij heeft het dubbele geel niet gezien, anders had hij natuurlijk ook gelift. De straf is terecht, hij heeft het team tekortgedaan, want ze hadden waarschijnlijk de snelste auto vandaag. Dat Max zijn overtreding meldde op de radio vindt hij logisch, hij had in zijn plaats hetzelfde gedaan. Zo vergevingsgezind is Max niet tegenover Russell. Dat hij de pole kwijtraakte door een onnodig incident in een aanloopronde zit hem nog altijd niet lekker. Vooral dat Russell er bij de stewards zo'n zaak van gemaakt heeft, maakt hem boos. In een interview met Viaplay zegt hij: 'Kijk, ik heb heel veel respect voor veel coureurs, maar na gisteravond heb ik dat voor hem wel helemaal verloren. Belachelijk hoe hij mij daar een penalty wou aansmeren. Weet je wat het is, hij doet altijd heel netjes hier voor de camera, maar als je dan persoonlijk met hem zit, is het een heel ander persoon. Daar kan ik heel moeilijk tegen. Dan kun je maar beter oprotten. Dan wil ik met jou niks meer te maken hebben.' Het was mij al wel duidelijk dat deze twee elkaar niet liggen, maar nu komt het echt naar buiten. Belooft wat voor de toekomst.

Stand:	
Verstappen	429
Norris	349

*

Begin 2024 was iedereen verbaasd en vooral teleurgesteld toen de verzamelde Formule 1-teambazen Team Andretti, gesteund door General Motors, alsnog de deur wezen. Een echt Amerikaans team, met mogelijk Amerikaanse coureurs, dat zou toch een enorme boost zijn voor de verovering van de lucratieve Amerikaanse markt? De afwijzing had allerlei redenen, onder andere dat bijna iedereen een hekel had gekregen aan de grote mond van Michael Andretti, maar het ging natuurlijk vooral om geld. Voegde Andretti wel genoeg waarde toe met die wat vage beloften van General Motors? En 200 miljoen dollar entreegeld, om het verlies aan inkomsten uit de prijzenpot te compenseren, was eigenlijk te weinig. Dat is nu allemaal veranderd. Michael Andretti heeft het veld geruimd, General Motors betaalt naar verluidt 450 miljoen om binnen te komen en heeft beloofd vanaf 2028 zelf een Formule 1-motor te hebben. Tot die tijd rijden ze met Ferrari of Honda. Deal. De veramerikanisering van de Formule 1 gaat voort. En anders dan Haas, dat onder het bodywork eigenlijk een Ferrari is, en Ford, dat veilig onder de motorkap van Red Bull kruipt, wordt Cadillac een volledig Amerikaans team. Racelegende en ex-Formule 1-wereldkampioen Mario Andretti, adviseur van het nieuwe team, zegt dat ze minimaal één Amerikaanse coureur in de auto willen. Indycar-racer Colton Herta lijkt de favoriet.

Amerikaanse teams hebben nooit veel succes gehad in de Formule 1. Dan Gurney won één race in 1967 met zijn Eagle-Weslake. Penske won ook één race, in 1976: precies een jaar nadat Mark Donohue in een Penske verongelukte, zegevierde John Watson op de Österreichring – het kostte Watson destijds zijn fraaie baard. Shadow hield het eigenlijk het langst vol, van 1973 tot 1980, maar ook zij wonnen uiteindelijk maar één Grand Prix – Alan Jones zegevierde in 1977 ook op de Österreichring. Het US F1 Team ging in 2010 al ter ziele voor er vier wielen aan de auto zaten.

Een flink gevuld en gevarieerd deelnemersveld is voor de Formule 1 natuurlijk veel beter. Het is misschien ook een waarborg, voor als een van de bestaande teams onverhoopt toch omvalt. Alpine heeft het een tijd flink lastig gehad en Renault als motorleverancier gaat verdwijnen. En hoe gaat het met Audi? De Duitse auto-industrie zit diep in de problemen. De staat moet bijspringen, Volkswagen gaat tienduizenden mensen ontslaan, kun je dan nog wel zo'n miljoenen verslindend project als de Formule 1 verantwoorden? Kort voor de race in Qatar wordt echter bekend dat de Qatar Investment Authority, al voor zeventien procent aandeelhouder van Volkswagen, een groot aandeel neemt in het Formule 1-project. Naar verluidt dertig procent, voor een bedrag van 350 miljoen dollar. Een team dat nog geen meter gereden heeft, is nu dus al meer dan een miljard waard. Maar het is een win-winsituatie: het noodlijdende Audi draagt niet meer alleen de lasten en oliestaat Qatar zet een maatschappelijk verantwoorde stap van benzine naar elektrificatie. Die 350 miljoen is maar een klein deel van de 526 miljard die het staatsinvesteringsfonds her en der heeft uitstaan. Ze zijn onder andere aandeelhouder in Credit Suisse, Barclays en volledig eigenaar van de luxewarenhuisketen Harrods en de voetbalclub Paris Saint-Germain.

24

Grand Prix van Abu Dhabi

Yas Marina Circuit – 8 december 2024

Als altijd is Abu Dhabi de laatste race van het seizoen. De finale. Strijd is er alleen nog tussen de constructeurs; de race zal meer in het teken van allerlei afscheid staan. Afscheid van Sainz bij Ferrari, van Hamilton bij Mercedes. Het afscheid van Bottas, Zhou en K-Mag van de Formule 1. Ocon is meteen na Qatar al door Alpine weggestuurd, zodat Doohan zijn debuut kan maken, al wordt reeds gefluisterd dat Doohan, zodra het contractueel mogelijk is, zal worden ingeruild voor Colapinto. De Argentijn rijdt voorlopig in elk geval zijn laatste race. En Pérez? Business as usual. Een gemoedelijk, misschien een beetje weemoedig weekend, dus? Niks ervan. Op de mediadag laait het brandje tussen Max en Russell flink op. Max zegt in de persconferentie niks van zijn woorden terug te nemen. Hij kan nog steeds niet geloven hoe Russell zich gedragen heeft bij de stewards in Qatar. Russell heeft dan al een verklaring gegeven voor de Britse media. Hij onthult onder andere dat Max heeft gedreigd hem 'ondersteboven in de muur' te rijden. 'Dat accepteer ik niet. Max intimideert mensen al jaren. Er hoeft niet getwijfeld te worden aan zijn rijderskwaliteiten, maar hij kan niet omgaan met tegenstand, of wanneer de dingen niet zo gaan als hij wil.' Hij verwijst terug naar 2021, maar ook naar Mexico dit jaar, of Boedapest: 'Voor het eerst heeft hij niet de beste auto en hij crasht met Lewis en scheldt zijn hele team uit.' Russell zegt te weten dat tal van Red Bull-teamleden daarna hun CV naar Mercedes en andere teams hebben gestuurd, omdat ze het zat waren. Na de persconferentie van Max gaat Russell tijdens een mediasessie van Mercedes nog even door. 'Er is nog nooit iemand tegen Max opgestaan. De anderen laten het maar gebeuren. Hij denkt dat hij boven de wet staat. Ik ben er niet op uit dat hij gestraft wordt, ik kom op voor mezelf. We racen hard tegen hard op de baan. Bij de stewards net zo. Dat is niet persoonlijk, dat is racen. Net zoals Max in Qatar die overtreding van Lando meldde. Ik snap niet waarom hij mij daarna persoonlijk aanvalt. Dat pik ik niet.' Ook Toto Wolff doet een duit in het zakje. Dat Horner Russells gedrag bij de stewards hysterisch heeft genoemd, vindt hij niet kunnen: 'Die kleine keffende terriër heeft ook altijd commentaar.' Max weerspreekt in zijn mediasessie dat hij Russell bedreigd zou hebben. 'Zo heb ik het niet gezegd.' Hij noemt Russell achterbaks. 'Over zulke mensen moet je niet te veel praten. Het zijn losers.' Wordt ongetwijfeld vervolgd. 'Ze doen maar, ik geniet ervan,' grijnst Norris. 'Max zegt gewoon altijd de waarheid,' vult hij aan. 'Mensen willen dat vaak liever niet horen.'

Tijd om de baan op te gaan. Maar voor de motoren aanslaan, wordt via de sociale kanalen bekend dat Max en zijn vriendin Kelly Piquet (dochter van de drievoudige wereldkampioen Formule 1) samen een kindje verwachten. Max is er vol van, zegt hij op weg naar de pits, ook al is hij al 'bonusvader' van Penelope, de dochter van Kelly uit haar relatie met Daniil Kvyat. Vier keer wereldkampioen en voor de eerste keer zelf vader worden, veel beter wordt het niet...

Veel nieuwe namen in FP1, waar diverse jonge coureurs uit verschillende klassen een kans krijgen. Onder hen Isack Hadjar bij Red Bull – hij wordt genoemd als coureur bij VCARB (indien Pérez... et cetera). Hadjar vecht dit weekend om de titel in de Formule 2 met Gabriel Bortoleto. Het verschil is nog maar een half punt. In november, kort nadat Max hem uitgebreid had geprezen, werd bekend dat Bortoleto volgend jaar Formule 1 gaat rijden voor Sauber. Alleen het tweede zitje bij VCARB is nog vacant (of Pérez moet alsnog... et cetera). Opvallendste rookie is Arthur Leclerc bij Ferrari. Het jongere broertje van. Een emotioneel moment, omdat de hele familie Leclerc destijds offers moest brengen voor de carrière van Charles. Zijn broers moesten zelfs stoppen met racen. Zijn jongere broer kreeg uiteindelijk nog wel een kans, maar lijkt toch minder getalenteerd. Broers-van zijn er veel geweest in de Formule 1, maar altijd was er één overduidelijk de betere, van de Schumachers tot de Scheckters. Bijna gaat het dubbeloptreden de mist in, omdat Leclercs Ferrari problemen heeft met de batterij. Uiteindelijk komt hij de baan op, zwaait naar zijn broer en klokt de snelste tijd. De batterijwissel betekent wel dat hij zondag tien plaatsen terug moet op de grid. Tussen alle jonkies kachelt ook de oude mopperpot Alonso rond. Het loopt al weken niet bij Aston Martin. 'Dit is de slechtste auto ooit en de slechtste voorbereiding qua verkeer ooit, voortaan doe ik mijn outlap wel zelf.' Tien plaatsen terug voor Leclerc is geen goed begin in de strijd om de constructeurstitel. McLaren domineert bovendien de andere vrije trainingen.

In de kwalificatie staat tegen het slot van Q1 zowaar de

oude Bottas bovenaan, terwijl Hamilton nog onderaan de lijst hangt. K-Mag maakt keurig plaats voor de aanstormende Hamilton, maar hij doet het té goed en rijdt daarbij een plastic paaltje omver, dat ongelukkigerwijze precies onder de Mercedes schuift, waardoor alle aero en wegligging verdwenen is, precies in de laatste sector vol bochten. Even leek ook Pérez de klos: de stewards oordeelden dat hij in bocht 1 over de track limits was gegaan, maar met VAR-precisie was nog net zichtbaar dat de band de witte lijn bleef beroeren – hij mag door naar Q2. Leclerc rijdt op het laatst nog de snelste tijd. In Q2 doet hij dat weer, maar opnieuw is er VAR-precisie nodig om aan te tonen dat hij wél met vier wielen over de witte lijn is gegaan in bocht 1 – het scheelt nanometers. Leclerc blijft steken op P14 en moet van daar nog tien plaatsen terug... Halverwege Q3 heeft Max een schrikseconde. Aan het eind van een supersnelle ronde, wanneer hij over de hobbel in de laatste bocht startfinish op duikt, glipt het achterwerk van de Red Bull onder hem vandaan. De auto gaat dwars op de kerbs en schiet vervolgens diagonaal omlaag over de baan op de pitmuur af. Alles onder controle: Max houdt niet alleen precies één wiel binnen de lijnen, hij vlamt ook door en klokt de snelste tijd, en weet de auto precies op tijd te controleren voor hij de pitmuur raakt. Hoeveel coureurs zouden niet kansloos tegen de pitmuur zijn gegaan? In de slotfase gaan de McLarens alsnog sneller: Norris voor Piastri. Sainz op P3. Hülkenberg zet een verrassende vierde tijd neer, maar moet drie plaatsen terug, omdat hij auto's heeft ingehaald bij het verlaten van de pits. Max staat zondag dus op de tweede startrij, maar veel verwacht hij er niet van. 'Nog één race, dan mag deze auto meteen het museum in.'

Op de zondag voor de Grand Prix wordt Bortoleto Formule 2-kampioen, nadat Hadjar bij de start stilvalt, en de Nederlandse Maya Weug boekt haar eerste zege in de F1-Academy, de junior-serie voor vrouwen. Het is nog licht wanneer de auto's zich opstellen voor het hoofdnummer. Norris op pole. En als de lichten doven, is hij het beste weg. Het gaat steeds beter. Piastri steekt vanaf de binnenkant over naar het kielzog van zijn teamgenoot om Sainz geen kans te geven. Max volgt Piastri, maar schiet dan plots naar de binnenkant van de eerste bocht. Piastri maakt de ruimte klein, Max houdt vol, moet op de kerbs en tikt dan met zijn rechtervoorwiel het linkerachterwiel van de McLaren aan. Beide auto's floepen meteen achterstevoren en wonderwel ook opzij, elk aan een kant, zodat de aanstormende meute precies tussendoor kan: Sainz, Gasly, Russell, Hülkenberg, Alonso, Tsunoda, Bottas, Pérez. Norris ligt al een paar wagenlengtes voor. Max heeft een mooie 360 gemaakt en voegt ergens om en nabij plaats veertien in. Piastri moet eerst keren en jaagt achter het veld aan. Boos. 'Echt een actie van een wereldkampioen...' gromt hij op de radio. Voor de chicane remt K-Mag Pérez en Bottas uit, er ontstaat gedrang en Bottas tikt Pérez aan. De Red Bull gaat achterstevoren en valt stil. Race over. 'Dit vat mijn seizoen wel samen,' sombert Checo. Tiensecondenstraf voor Bottas. Tien seconden ook voor Max, voor de botsing in bocht 1. Leclerc, gestart als negentiende (ook Colapinto moest achteruit op de grid), is overal omheen geglipt en rijdt inmiddels op plaats acht! Achteraan heeft Piastri haast, te veel haast, en rijdt tegen de auto van Colapinto op. Hij moet naar de pits en krijgt even later ook nog een tiensecondenstraf.

Leclerc weet dat één McLaren achterop is geraakt en

geeft gas. Hij haalt Magnussen in, hij haalt Alonso in, Hülkenberg. De pitstops beginnen. Gasly is de eerste. Leclerc volgt, hij heeft natuurlijk veel van de mediums gevraagd. De leiders rijden langer door. Sainz is de volgende in ronde 25. Norris antwoordt een ronde later, Russell volgt. Wanneer Max een paar ronden later binnenkomt, moet hij eerst de tien seconden straftijd incasseren. Boos. 'Zullen we voortaan om twintig seconden vragen? Stomme idioten!' De straf is echter terecht. Hamilton, gestart op de harde band, ligt heel even derde, tot ook hij zijn banden wisselt. Dan rijdt Leclerc op plaats drie. Gasly heeft hij op de baan gepasseerd, Russell in de pitstopfase. Wat een inhaalrace. Norris leidt, comfortabel voor de twee Ferrari's. Het is genoeg voor de constructeurstitel, maar er hoeft maar iets te gebeuren en Ferrari gaat ermee vandoor!

Inmiddels is het donker in Abu Dhabi. Norris leidt, voor Sainz, Leclerc, Russell, Gasly, Hülkenberg, Hamilton, Max, Albon en de rest. Nog twintig ronden te gaan. Op zijn mediumbanden is Hamilton ontketend. Over de boordradio moedigt Bono hem aan: '*It's Hammertime, Lewis.*' Een kreet uit de hoogtijdagen. Geëmotioneerd realiseert Hamilton zich dat dit de laatste keer is dat hij het hoort. En hij hamert. Hülkenberg remt hij uit, Gasly passeert hij. En dan is het nog dertien seconden naar Russell. Piastri rijdt inmiddels weer op plaats tien. Vooraan maakt Norris geen fouten. Net als in Zandvoort domineert hij de race en wint. McLaren wint de constructeurstitel. Norris juicht in de cockpit. 'Ongelofelijk! Ik ben zo trots op jullie allemaal, jullie verdienen het. En volgend jaar is het mijn beurt!' Sainz finisht als tweede. Bedankjes en emoties over de radio. Samen met zijn engineer probeert hij nog 'Smooth Operator' te zingen, maar een brok in de keel bij beiden maakt het lastig. In de allerlaatste ronde heeft Hamilton Russell ingehaald, buitenom in bocht 9. Het is toch nog een afscheid in stijl. Ook hier emoties. Toto Wolff bedankt zijn coureur via de boordradio en wenst hem voor volgend jaar veel succes: 'Als wij niet winnen, moet jij winnen.' Een tijdperk is ten einde, niet eerder was een combinatie zo lang zo succesvol. Na de uitrijronde mag hij zijn Mercedes zelfs bij de top drie parkeren, nadat hij een paar mooie donuts heeft gedraaid. Het podium is echter voor McLaren en Ferrari. McLaren is helemaal terug. De laatste keer dat ze de constructeurstitel wonnen was in 1998, met Mika Häkkinen en David Coulthard. Teambaas Stella vertelt dat ze in 2020 slechts een paar maanden van een faillissement verwijderd waren... Leclerc staat ontgoocheld opzij – over een paar dagen realiseert hij zich wel weer wat een geweldig seizoen hij gereden heeft. Ondertussen loopt Max even langs Piastri en biedt zijn excuses aan. Piastri waardeert het en besluit: 'Het is tijd voor vakantie.'

Eindstand:	
Verstappen	437
Norris	374

*

Iedereen is toe aan vakantie. Vierentwintig races is eigenlijk te veel. 'Vooral voor de teamleden, voor de monteurs die veel harder moeten werken dan wij,' weet Norris. 'Dit is eigenlijk niet houdbaar.' Voor 2025 staan er echter opnieuw vierentwintig races op de rol. En nieuwe gegadigden staan te trappelen. Het wordt tijd dat er een race komt in Afrika, vindt Hamilton. Argentinië wil graag, zeker als Colapinto in de toekomst een vaste plek op de grid vindt. Vanaf 2026 is er in elk geval ook een stratenrace in Madrid. Na 2026 racet de Formule 1 echter niet meer in Zandvoort. Heel erg jammer. De Formule 1 in de duinen is en blijft uniek. En verbonden met zoveel geschiedenis. Niet alleen de geschiedenis van Prins Birabongse, Ascari, Stewart en Lauda, maar ook de nieuwe geschiedenis van Hamilton en Max. De organisatie zegt te willen stoppen op een hoogtepunt. De race draait geheel om Max en nu is Max er nog. Weten zij iets wat wij niet weten? Het is best mogelijk dat er nu een paar lastige jaren zullen volgen, met de overgang naar het nieuwe reglement. Maar zodra de kaarten opnieuw geschud zijn, komt er ongetwijfeld een nieuwe periode waarin Max de Formule 1 zal domineren. Als hij daar dan nog zin in heeft. Wie weet welk consortium tegen die tijd zijn nek uitsteekt voor een volgende reeks races in de duinen. Het circuit en de hele organisatie hebben zichzelf in elk geval meer dan bewezen. Maar het besluit voor nu is begrijpelijk. Het circuit moet zichzelf bedruipen, de financiële risico's zijn groot. Ongetwijfeld zullen de laatste twee edities nu weer uitverkocht zijn. Ook de coureurs vinden het jammer. 'Zulke geweldige fans,' aldus Hamilton, 'zo'n mooie plek en sfeer. Dit is erfgoed dat je eigenlijk moet behouden.' Norris heeft wel een idee: 'Kan Max die twintig miljoen niet gewoon betalen?'

Epiloog

Wat een seizoen… Wat een strijd. Met zeven verschillende winnaars, die allemaal twee of meer Grands Prix gewonnen hebben. En met een terechte kampioen, die er echt voor heeft moeten vechten. Het goede nieuws is dat er in 2025 maar heel weinig verandert aan de regels. De verwachting is daarom dat de vier topteams volgend jaar allemaal van meet af aan meedoen om de zeges en mogelijk ook om de kampioenschappen. De teams zullen zich ook gaan bezighouden met de auto's van 2026, omdat er dan met heel andere motoren geracet gaat worden, dus de auto's van 2025 zullen hooguit evoluties zijn van die uit 2024. Het lijkt een beetje op de situatie uit 2021, en we weten allemaal wat er toen gebeurde. De heerschappij van Red Bull lijkt in elk geval voorbij. Binnen het team worden al zorgen geuit over de auto van volgend jaar. Er is gelukkig nog een hele winter om eraan te werken. En er is gelukkig nog Max. Maar de grillen van de ground-effect-auto's zullen ongetwijfeld blijven. Dat geldt ook voor de andere teams. Afhankelijk van het soort circuit, de temperatuur, het asfalt, de hobbels en talloze andere variabelen zullen verschillende teams in verschillende races de boventoon voeren. Gezien hun ontwikkeling is McLaren mogelijk favoriet. Ze zullen zich nu niet meer laten verrassen door de eigen upgrades en hopelijk ook klaar zijn voor de strijd om de wereldtitel voor coureurs. De vraag is alleen met welke coureur? Lukt het de snelle Norris om zijn zenuwen tot bedaren te brengen? Of gaat de koelbloedige Piastri eindelijk constant vooraan presteren? Dezelfde vraag geldt Ferrari. Hoe gaan de verhoudingen tussen Hamilton en Leclerc zijn? Leeft de zevenvoudige weer op tot aan zijn oude niveau of wordt hij overschaduwd door Ferrari's Golden Boy? Ik denk toch het laatste. Bij Mercedes zal Russell het team moeten gaan leiden, al heeft Toto Wolff Antonelli al de volgende Max genoemd. En Max zelf? Hij staat in 2025 voor de mooiste gebeurtenis uit zijn leven. Hij wordt vader. In het verleden heeft hij al vaker verteld dat hij vader zou willen worden, en dat hij er zeker ook bij wil zijn als zijn kinderen opgroeien. 'Daarbij vergeleken is alles wat je presteert in de racerij onbelangrijk.' Wijze woorden van een nog jonge kampioen. Als vader, luidt een oud Formule 1-gezegde, ben je meteen twee tienden langzamer. In het geval van Max is dat waarschijnlijk nog altijd snel genoeg. Zolang het evenwicht er is, zal hij er staan. Op zijn eigen manier. Net als het afgelopen jaar. Het seizoen 2024 was een strijd, met alles erop en eraan; alles wijst erop dat 2025 nog veel spannender gaat zijn.

Grands Prix 2024

Ronde	GP	Pole-position	Snelste ronde	Winnende coureur
1	GP van Bahrein	Max Verstappen	Max Verstappen	Max Verstappen
2	GP van Saudi-Arabië	Max Verstappen	Charles Leclerc	Max Verstappen
3	GP van Australië	Max Verstappen	Charles Leclerc	Carlos Sainz
4	GP van Japan	Max Verstappen	Max Verstappen	Max Verstappen
5	GP van China	Max Verstappen	Fernando Alonso	Max Verstappen
6	GP van Miami	Max Verstappen	Oscar Piastri	Lando Norris
7	GP van Emilia-Romagna	Max Verstappen	George Russell	Max Verstappen
8	GP van Monaco	Charles Leclerc	Lewis Hamilton	Charles Leclerc
9	GP van Canada	George Russell	Lewis Hamilton	Max Verstappen
10	GP van Spanje	Lando Norris	Lando Norris	Max Verstappen

Ronde	GP	Pole-position	Snelste ronde	Winnende coureur
11	GP van Oostenrijk	Max Verstappen	Fernando Alonso	George Russell
12	GP van Groot-Brittannië	George Russell	Carlos Sainz	Lewis Hamilton
13	GP van Hongarije	Lando Norris	George Russell	Oscar Piastri
14	GP van België	Charles Leclerc	Sergio Pérez	Lewis Hamilton
15	GP van Nederland	Lando Norris	Lando Norris	Lando Norris
16	GP van Italië	Lando Norris	Lando Norris	Charles Leclerc
17	GP van Azerbeidzjan	Charles Leclerc	Lando Norris	Oscar Piastri
18	GP van Singapore	Lando Norris	Daniel Ricciardo	Lando Norris
19	GP van de Verenigde Staten	Lando Norris	Esteban Ocon	Charles Leclerc
20	GP van Mexico-Stad	Carlos Sainz	Charles Leclerc	Carlos Sainz
21	GP van São Paulo	Lando Norris	Max Verstappen	Max Verstappen
22	GP van Las Vegas	George Russell	Lando Norris	George Russell
23	GP van Qatar	George Russell	Lando Norris	Max Verstappen
24	GP van Abu Dhabi	Lando Norris	Kevin Magnussen	Lando Norris

Ook van Koen Vergeer

ZANDVOORT
EEN KLEINE GESCHIEDENIS VAN
DE GROTE PRIJS VAN NEDERLAND
1948-2021
KOEN VERGEER

Nieuwe editie
seizoen 2021
'Jongensachtig
spannend.'
Autovisie
MAXMANIA
DE WEG NAAR DE TOP
KOEN VERGEER
atlas contact

HET TIJDPERK
MAX
WERELD
KAMPIOEN
KOEN VERGEER
atlas contact
2023